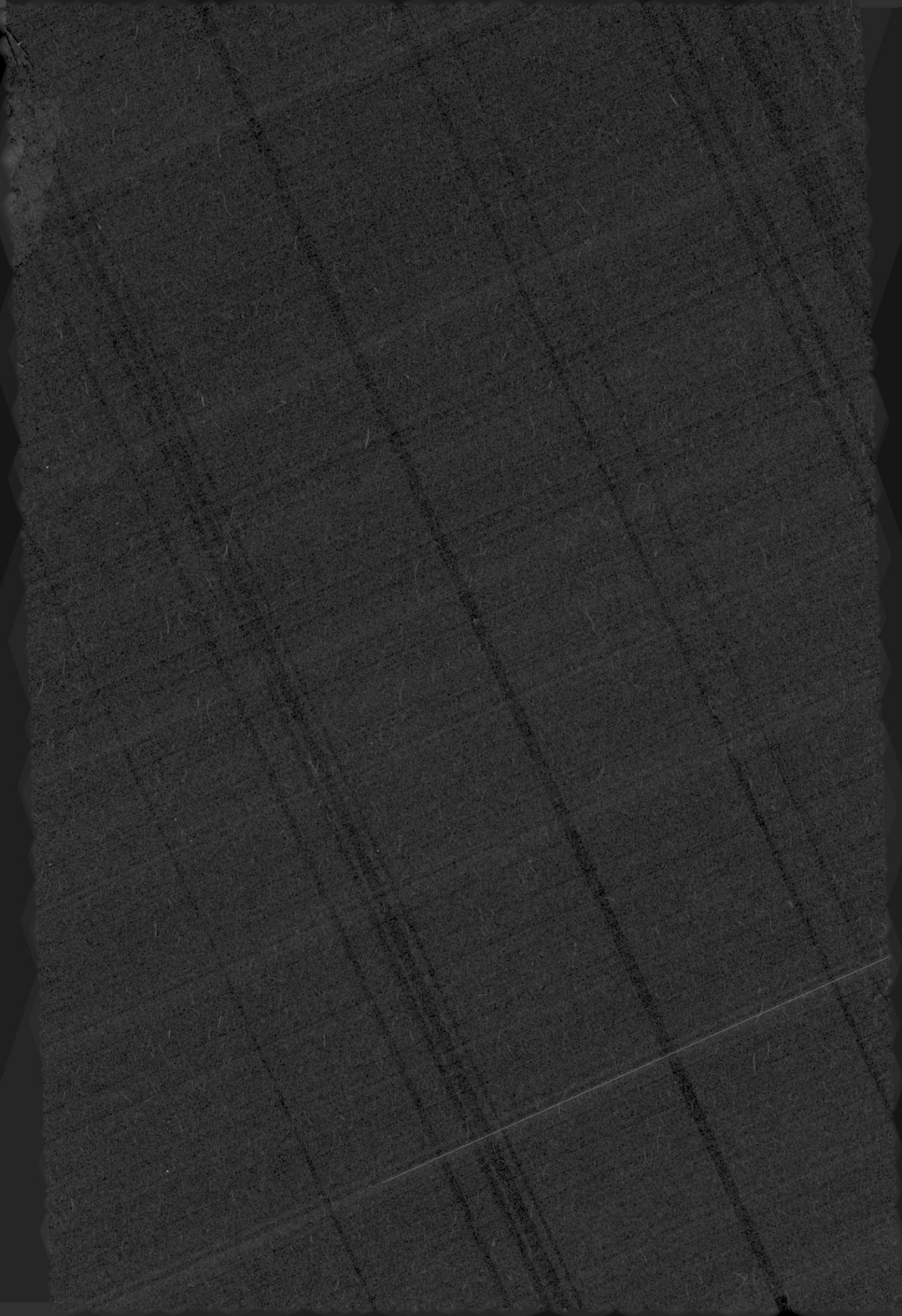

The Lectures of In-Basket

決断力と行動力が覚醒する

インバスケット集中講義

株式会社インバスケット研究所
代表取締役
鳥原隆志

日本実業出版社

インバスケット講師が教える

リーダーのためのマネジメント研修

―インバスケット問題を使わない、インバスケット研修―

あなたは
本当にリーダーとして
マネジメントを実行
しているか!?

講師

株式会社インバスケット研究所 代表取締役 インバスケットコンサルタント
鳥原隆志 氏

日時：本日間もなく開催
場所：本書内 バーチャル研修室A

インバスケットとは

1950年代に、アメリカ空軍で活用され始めた
制限時間内でより多くの案件を正しく処理する
バーチャル・ビジネス・ゲームです。

本研修の特色

1. 今まで多くの企業リーダーの育成を担当してきた講師が、リーダーに欠けていることの多いマネジメント力を、ワークを交えて解説をするアウトプット型研修です。
2. インバスケット問題を使わずに、「当たり前のことだけど、できていないマネジメント力」をどのようにすれば発揮できるかを中心に考えます。
3. 現職のリーダーからこれからリーダーになる方向けの実践型研修です。
4. 異業種の研修生と交流を交えて、リーダーの持つ悩みや問題を共有しながら解決します。

参加資格

1. 本物のリーダーを目指す方
2. 主体的に研修に取り組む方
3. 本書を手にした方

注意事項

1. 研修中は真剣に取り組んでください。当たり前のこととして勝手にセクションを飛ばさずに、再認識のつもりで受講してください。
2. 受講態度が悪い方は講師から注意の上、退室していただくことがあります。
3. ワークはあなたのための大事な作業です。必ず実施してください。
（読むというインプットより、このワークというアウトプットが大事です）
4. この研修は人によってはかなり疲れる場合がありますが、それは日ごろ頭を使っていないからです。

研修参加申込書

研修名「インバスケット講師が教えるリーダーのためのマネジメント研修」
申し込み方法　本書の次のページにお進みください。

※本研修は何度でも受講できます。※研修カリキュラムは次ページを参照ください。

▶本日のカリキュラム

時間	内容
9:00～9:30	・本研修に当たって　・講師紹介　・自己紹介
9:30～10:30	Section 1｜優先順位をつける力
10:30～11:30	Section 2｜問題を発見する力
11:30～12:30	昼食
12:30～13:15	Section 3｜問題を分析する力 Section 4｜意思決定する力
13:15～14:30	Section 5｜生産性を上げる力 Section 6｜トラブルに対応する力
14:45～15:30	Section 7｜時間内にアウトプットを出す力 Section 8｜課題を解決する力
15:30～16:30	Section 9｜見えないものを見通す力 Section 10｜組織を活用する力
16:45～17:30	Section 11｜戦略的に考える力 Section 12｜困難な課題を克服する力
17:30～18:00	・質疑応答

～この研修のご案内～

皆さま、はじめまして。今回、この研修を担当させていただきます、インバスケット研究所の鳥原です。最初にこの研修についてご説明を致します。

この研修は皆様がリーダーとしてビジネスの場面で必要になるマネジメント力について、押さえておきたい12の大切なことについてお話をします。

この研修の特徴として、今までの〝何を学べばいいか〟という観点ではなく、インバスケット的な考え方から、〝どのように持っている能力を発揮するか〟という観点からお話ししたいと思います。

インバスケットとは、1950年代にアメリカ空軍の教育機関で活用され始めたといわれる、能力の発揮度を測定するツールです。実際に持っている能力が現場で発揮できるかどうかを試す目的で活用されています。そしてインバスケット的な考え方を、私はインバスケット思考と呼んでおり、これは、限られた時間の中でよりよい結果を出す仕事の進め方や判断方法を指します。

インバスケットでは持っている能力がどれだけ発揮されているかを重視します。今まで皆さんは数多くの知識やスキルを身につけてこられたと思います。しかし、それが実際に発揮できているかどうかといえば、多くの方がすべてを発揮できているとは言い難いのではないでしょうか。

この研修ではあなた自身の〝知っている〟を、どのようにすれば〝発揮できる〟に変換できるか、つまり実際に活用することができるかを目的としています。

そのため、研修の随所に「ワーク」といわれる、あなた自身が知っているが本当に発揮できているかどうかを試す作業も用意されています。そのワークを通じて、あなた自身が発揮できていない能力やスキルに気づき、この研修の中で、どうすれば発揮できるのか、発揮を阻害しているモノは何かを発見してください。

私はそもそも能力のない方などは存在しないと信じています。

能力がないのではなく、能力の発揮の仕方をご存じないがために、能力は発揮できないです。ですので、このご案内をお読みいただいているあなたも、リーダーとして無限大の可能性と素晴らしい能力をお持ちだと私は確信しています。

ぜひ、この研修で皆さんがお持ちのマネジメント力が、さらに発揮できるようになることを心から願っております。

ところで、この研修ではインバスケット問題を使用しません。

通常のインバスケット研修では、インバスケット問題を1時間から2時間取り組んでいただき、その結果を使って研修を進めるのですが、この研修ではあえてインバスケット問題を使用しません。

「なんだ、インバスケット問題がないのか?」と、今までのインバスケット本を読まれた方は思われるかもしれません。

この研修であえてインバスケット問題を使用しないのは理由があります。

インバスケット問題は、あなたの能力を図る一つの手段であり、インバスケット問題を解くことが目的ではないからです。つまり、リーダーに必要なマネジメント力を発揮する方法を知らなければ、何度インバスケット問題に挑戦しても結果は変わりません。そもそも、インバスケットは事前に学習した効果が実際に発揮できるかを測定するツールです。

だからこそ、この研修ではリーダーに必要なマネジメント力をどのように発揮するかを、ワークを交えながら再確認する構成にしています。

これからインバスケット問題に挑戦しようとされる方も、はやる気持ちを抑えて、

この研修のご案内

まず本研修をお受けになることをお勧めします。

本研修で自身のどのような能力の発揮度が課題なのか、本来はどのように発揮するべきなのかを知るのと知らないのとでは、実際に問題をお受けになった際に自身に得られるものもかなり違うはずです。

また、すでにインバスケットを経験された方は「できた・できなかった」と判断されるのではなく、本研修を通じて講師の説明や他の受講者の考え方と比較をして、ご自身の気づきを得ていただき、次のインバスケット問題に挑戦するきっかけにしていただければと思います。


次に本研修をお受けいただく際の、注意事項があります。

まず、この研修には皆さま以外にも多くの研修生の方が受講されています。これらの研修生の方は現職の管理者やリーダー、そしてこれからリーダーを目指される方などです。この方たちは、それぞれ課題や悩みを持って受講しています。ぜひ講師の私からだけではなく、周りの研修生の方の考え方や価値観なども参考にして学んでください。他人から学ぶポイントは、「相手の考え方を受け入れる」ことです。「この考え方は間違っている」「私のほうが正しい」という考え方ではなく、「この方はどうしてそのように考えたのか」「こんな考え方もあるのだな」という受け方をしていただきたいのです。

このような受け方をすることによって、あなた自身の考え方の幅も広がり、判断の選択肢も増えるなどのメリットを得ることができます。


次の注意事項は、主体的に取り組んでいただきたいということです。

この研修はあなた自身の研修です。受け身で参加し、ただ聞けば何か神通力を得られるような研修ではありません。なぜなら、この研修の目的は〝あなた自身の能力を発揮すること〟であり、それができるのはあなた以外誰もいないからです。

時間をかけても結構です。もし気が乗らないのであれば、一旦退室し、また参加していただいても結構です。しかし、研修に参加するだけの目的は避けてください。

これだけはよろしくお願いします。


最後の注意事項は「お願い」です。

私は本日講師として、皆さまが気づきを得ることができるように精一杯研修を進めさせていただきます。これが講師としての責任だと思っておりますので、お気づきの点があれば何なりとご意見ください。

一方で、私は研修を受ける方にも責任があると考えています。それは自分自身で得るものを明確にして、研修に臨んでいただく責任です。

〝研修を受ける側に責任なんてあるのか〟と思われるかもしれませんね。でも、私は今まで多くの研修生のお相手をさせていただきましたが、同じ時間で同じ内容をお話ししても、必ず何か得られる方と、何も得られない方に分かれます。

この違いが、研修前に何かを得て帰るという責任を持たれているかどうかの違いなのです。ですから、今ここであなたには研修を受けて、何かを得て帰る責任があることをお伝えしたいのです。この責任は私や他の方への責任ではありません。言わば、あなた自身への責任なのです

どうでしょうか。心の準備はできましたか。

では、そろそろ研修が始まります。

研修室へご案内しましょう。

決断力と行動力が覚醒する

インバスケット集中講義 もくじ

The Lectures of In-Basket

Section 10

組織を活用する力

リーダーは頭を使って仕事をすることを忘れてはいけない

15:30～16:30

Section 11

戦略的に考える力

組織の一員ではなく戦略家としてのリーダー

16:45～17:30

Section 12

困難な課題を克服する力

チームの中で最後まであきらめないのがリーダー

16:45～17:30

装幀＆本文デザイン　中村勝紀（TOKYO LAND）

〜本書について〜

本書はリーダーに必要なマネジメントの要素を、実際に読者の方があたかも研修を受けているかのような臨場感とともに学んでいただけるように書きました。

私は、現在インバスケット・コンサルタントとして、日本だけではなく海外などにもインバスケットをお伝えする活動を行っています。このように書籍の執筆も行いますが、主に研修講師として多くの組織のリーダーの育成を担当させていただいています。一人でも多くの方にインバスケットという道具の使い方を知っていただきたい。これが私のミッションです。

前著『究極の判断力が身につくインバスケット思考』などのインバスケット本をご覧になられた読者の方から、インバスケット研修に参加したいと多くのお問い合わせをいただき、反響の大きさに驚きました。

しかし、この研修はアウトプット型の研修ですので、私一人では一日20名のお相手が限界です。とても、一度に多くの方に研修に参加していただくことはできません。それは、インバスケット研修は、大勢の方を前にお話しするようなものではなく、実際にお一人お一人に対してご指導するものだからです。

どうしたら、多くの方にインバスケット研修に参加していただけるのか。また遠方の方もわざわざ高い交通費をかけずに参加できる方法がないかと考えた結果、本書で多くの方にインバスケット研修の雰囲気を味わっていただけるようにペンを取りました。そして、あたかも研修を受けている雰囲気の中で、リーダーに必要なマネジメント力とは何なのか、を気づいていただければ、著者としてこの上ない幸せです。

本書の執筆には、実際の研修やセミナーの録画映像を見ながら書くなど、書籍で研修の雰囲気をお伝えする工夫をしています。また、インバスケットに興味を持っていただいた講師の方にもお読みいただけ、ご活用いただけるようにワークと呼ばれる、受講者の作業も具体的に取り入れています。

また、私がインバスケット研修講師として、今までお会いした多くのリーダーや管理者の悩みや苦悩も紹介しています。また、リーダーとしての仕事の進め方への戸惑いや葛藤なども質問形式で書いています。ぜひ、あなたの悩んでいることに重ね合わせていただき、解決のヒントにしていただければ幸いです。

実際のインバスケット研修に近付けようとするがゆえに、時折厳しい指摘内容や私自身の話し方の癖などもそのまま書いており、読みにくい部分もあるかもしれません。

また、実際の研修はインバスケット問題を使って進めることが多く、本書では問題を使用せずに進めるなど、本書風にアレンジしている点もありますが、大部分は普段の研修スタイルをそのまま取り入れておりますので、研修の雰囲気を味わいながら読み進めていただければ幸いです。

ただインバスケット研修の雰囲気を味わっていただくだけでなく、インバスケットの大事な要素である、次の三つを感じながら読み進めていただきたいと思います。

1．主人公になりきること
2．時間を意識すること
3．正解がないことを理解すること

本書があなたのマネジメント力の向上に少しでも役に立つことができるように

願っています。

鳥原　隆志

研修室の案内

・あなたはこの研修の参加者として1班というグループに入ります。
・1班には磯部さん、細谷さん、都築さん、沢田さん、富岡さんという研修生がいます。
・研修は1班から3班に分かれております。

～本研修に当たって～

おはようございます。では、皆さん揃われたようですので、インバスケット研修を始めたいと思います。本日の講師を務めさせていただきます、株式会社インバスケット研究所の鳥原です。どうぞよろしくお願いします。

本日は「インバスケット」ということで、皆さん気構えて参加された方もいらっしゃるかもしれませんが、このセクションは少し楽な姿勢でくつろいで、徐々に学ぶ姿勢を作っていただければと思います。

さて、本日はインバスケットの問題を使った研修ではなく、リーダーに求められるものについて、考えていきたいと思います。

では、せっかく皆さまとお会いでき、本日一日、ご一緒に過ごさせていただきますので、簡単に自己紹介をさせていただきたいと思います。

改めて、鳥原隆志と申します。私は１９７２年大阪の和泉市に生まれました。

子供のころからぜんそくを持っており、小学校は病院から通ったこともございました。体格は今と全く異なり、本当に骨と皮だけだったと聞いております。

それでも何とか高校・大学と進むことができまして、大学を卒業した1994年に、スーパーのダイエーに入社いたしました。なぜダイエーだったのかといいますと、当時は流通のトップ企業だったからです。つまり、今の多くの学生の方と同じように、皆が入りたがる人気企業に私も群がった一人だったということです。

しかし、ダイエーに入ると配属されたのがお肉売り場。まさに職人の世界です。当時、スーツにネクタイで仕事をするのだと思っていましたから、正直ショックでした。来る日も来る日も先輩の包丁を砥ぎ、アルバイトと一緒に排水溝の掃除をしていると、大学で学んだマーケティングや経済学など吹っ飛びましたね。

―阪神淡路大震災―

しかし、転機が訪れます。1995年の阪神淡路大震災です。この会場にお越しの方にも悲しい経験をされた方も多いと思います。多くの尊い命が失われる未曾有の震災でした。

私も、大阪の南部に住んでおりましたが、激しい揺れに布団から飛び出したのを覚えております。自宅は幸い大きな被害は無かったのですが、とっさに「すぐに店に行かなくては……」と思い、バイクに飛び乗り、当時勤務していた店舗に向かったのです。

朝6時半には店に着きましたが、大きな店の中には店長と新入社員1年目の私だけ、多くの社員が出社できない状態だったんですね。店長と一緒に店を回ると、至るところで割れモノが散乱したり、上からつるしていた販促物が落ちたりと、かなりの被害を受けておりました。一見、本日は営業ができるのかな？　と思うほどだったのですが、本社からの指示は「定刻に開店せよ」。

私は関西弁で「そんな無茶な……」とつぶやいたのを覚えています。しかし、本部の指示は絶対です。開店までもう数時間しかありません。

当時の店長は開店することを決め、私に幹部用のトランシーバーを持たせました。店長は本部とのやり取りや従業員の安否の確認、今後の対策のため動けません。トランシーバーを渡されたと同時に、私が緊急の店長代理となったのです。

その時点から入社一年目の私は若手の社員ではなく管理者となり、さまざまなトラブルや難題が降り注ぎます。店内のあちこちからこんな声が聞こえました。

「発注したものが入らない」
「お客様が正面玄関で列を作って混雑している」
「コンピューターが動かず価格登録ができない」

しかも、パートさんが出勤してくるに連れ、何をしたらよいのか、などと加速度的に案件が増え、ついには詰め寄られる始末。その時に私の頭の中で何かがよぎりました。よぎったというより、何かスイッチが入ったような感覚がありました。今まで経験したことのない緊張感の中で、頭が勝手に音を立てて考え出したのです。限られた時間で何からするべきかを考え出したのです。

インバスケットは数多く上がってくるトラブルや案件の中から、優先順位をつけて的確に処理を行っていくことが求められているビジネスゲームですが、まさしくこの状態は私にとって初めてのリアル・インバスケット状態でした。

この場合は、目標が定刻までに開店するということであり、お客様や従業員の安全が大前提になりますので、他の案件を無視してでも、最優先事項を処理する必要があると考えました。そして、その目標を達成するには、自分一人があたふたしても限界がありますので、組織や人を使って開店準備を進める必要があるのです。

また、現時点の状況だけではなく、今後起きるリスクを発見し、それらを回避する行動も取らなければなりません。たとえば、また余震が来た場合を想定して、割れ物があったり棚が倒れそうな危ない売り場を閉鎖したり、停電に備えて懐中電灯などの準備を指示したりしなければなりません。

今振り返れば、このようなことを考えて実行したと思い出しましたが、実際に当時のインバスケット状態の中では自分が何をしているかよくわからないまま、ようやく落ち着いて振り返ると、なんとか予定通りにお店が開店し、お客様をお迎えすることができたのです。これは火事場の馬鹿力といわれる不思議な力なんですね。

この出来事があってから数カ月後、私は店長を補佐する企画担当部署に昇格しました。私自身わかりませんでしたが、この出来事の対処が評価されたようです。

しかし、今でも考えます。あの出来事がなければ、私は今頃、何をしているのだろう……と。つまり、あの時の火事場の馬鹿力が評価されたわけで、火事場の馬鹿力は火事場でないと発揮されませんよね。

私にはたまたまそのような馬鹿力を発揮できる場がありましたが、多くの方はせっかく持っている能力を発揮できる機会があまりないのではないかと思うのです。非常に痛ましい災害だったのですが、その経験は私にとっては非常に貴重な経験でした。

その後、企画部門を任せていただき、家具やスポーツ、食品などのさまざまな売場を経験し、前著の『究極の判断力を身につけるインバスケット思考』にも登場するSV（スーパーバイザー）という職業に着任します。

―SVとは問題解決―

SVとはスーパーバイザーの略で、一般的には指導員と呼ばれ、私がいた会社ではお店などで解決できない問題、つまり前例のない問題や本社などを巻き込んで解決するのが仕事でした。

何しろ前例のないトラブルなどが発生しますので、解決策も自分で考えて、解決もさまざまな組織と連携して行います。

こんなこともありました。クリスマスイブの朝早くに携帯電話が鳴りました。正直、こんな時間に入る電話はただごとではありません。案の定、お客様の予約されたクリスマスケーキを乗せたトラックが高速で横倒しになったというものでした。

その話を聞いた時に血の気が引きました。数百個の予約ケーキがダメになっているわけです。私の脳裏にはお客様が怒涛の如く怒っている姿が浮かびます。お客様におわびをするしかない。そう割り切りかけたのですが、果たしてそれしか解決方法がないのかと考えました。たとえば、

・お客様の中で受け取りを明日にずらしていただけるお客様がいないか？
・メーカーに在庫はないか？
・違う方面のケーキを横取りできないか？

そう考えて、問題解決を進めて行くと、解決が難しそうな問題も徐々に解決していくのです。このケーキの件も、その後本部などの協力も得ながら、無事お客様にケーキを届けることができたのです。

日々このような問題解決を行っていると、問題解決に慣れてきます。どのようにすれば良い判断ができるのかを考え、そのためのフレームが頭の中にできるようになるのです。

―インバスケットとの出会い―

そして7年ほど前に、会社の昇格試験でこのインバスケットに出会います。本にも書いていますが、インバスケットって何？　という状態。つまり、どのような試験かもわからないままで試験に臨もうとしていましたが、徐々に話を聞いていくと、謎に包まれた試験であることに戸惑いました。

ろくにインバスケットに関する書籍もなかった中、周囲の方からの情報を基にインバスケット問題を作りトレーニングを開始しました、これがインバスケットを研究し始めたきっかけです。そして昇格試験に合格してからも、インバスケットの面白さにはまり、一人でトレーニングをしておりました。

流通しか経験していなかった私にとって、異業種に転職したかのようなストーリーも面白かったですし、限られた時間の中で優先順位をつけて案件処理をするという、仕事そのものに直結するトレーニングだったのが魅力的でした。もう一つは、今まで数多くの自己啓発書などを読んできましたが、それらはインプットであって、アウトプットできるトレーニングであるインバスケットは自分にとって新鮮でした。

このようにインバスケットのトレーニングを進めていると、もっとレベルの高い問題に挑戦したいと思い始めます。しかし、当時は管理者の適性検査などの限定された活用がメインとされており、インバスケット問題は少ないだけではなく、かなり古い時代のものや、インバスケットに関する書籍もほとんどないのが現状でした。そこで、自分自身で問題を作るようになり、ついにはインバスケットを専門に研究、開発する会社を日本で初めて設立したという経緯です。

私自身がインバスケットを活用して、さまざまなメリットを受けることができましたので、一人でも多くの方にインバスケットという道具を知っていただき活用していただきたいと思い全国に広げるために駆け回って、本日は皆様にお目にかかることができたのです。ぜひ、せっかくの機会ですから、リーダーに必要なマネジメントの要素を本日一日、皆さんと一緒に考えていきたいと思います。

―自己紹介―

では、本日参加されている皆さんの自己紹介をしていただければと思います。自己紹介といっても、硬くなりがちですので、お名前とお仕事と本日参加の動機、それから、そうですね、最近あった楽しいことをお聞かせいただけますか。

では、磯部さんからお願いします。

磯部「え、えーと、名前は磯部利夫といいます。出身は鹿児島で、現在、呉服メーカーの管理課長をやっております。キャリアだけは長く、管理職になって15年になります。私はこのような研修は初めてなのですが、うちの社長が鳥原先生の本を見たらしく、受けてこいということで参った次第という感じですね。まあ、みなさんの邪魔にならないように受けさせていただきたいと思います。よろしくお願いします。楽しいことは特にないです」

呉服メーカーさんですか。伝統がありそうですね。

磯部「ははは、伝統だけはありますね。今年で創業100年ですかね。ははは」

はい、ありがとうございます。では、細谷さんお願いします。

細谷「細谷といいます。現在都内の紳士服販売チェーンの店長をしております。入社して10年になります。もともと、繊維の開発などの理系だったのですが、なぜか今回店長として着任し、管理職として何をするべきかを学ぶために参加しました。よろしくお願いします。楽しいこと……そうですね。たまに映画を見に行くことですかね」

ありがとうございます。開発から管理職とは、まったく違うお仕事で大変ですね。

細谷「はい、内示があった時に断ろうと思いましたが断り切れず、結果的にこうなった次第です。でも受けたからには頑張ろうと思います」

そうですね、頑張りましょう。では都築さんお願いします。

都築「自分は、都築孝明と申し、都内で経営コンサルタントをしております。経歴は大学を卒業後、電器メーカーの万葉電気に入社し、主に電気ケーブルの樹脂の開発や購買を担当しておりました。その後、子会社の千葉電気に出向し、経営企画室に配属され、経営のノウハウを学んでまいりました。そして、2年前に今までのキャリアを活かして、都内に経営コンサルタントとして事務所を開かせていただいております。現在得意先は大手企業を中心に担当させていただいております。どうぞよろしくお願いします」

ありがとうございます。経営コンサルタントをされているんですね。顧問先にインバスケットを導入するためのご参加ですか？

都築「いや、顧問先に勧める気はありません。ただ、興味があっただけです」

そうですか。わかりました。では沢田さん。お願いできますか？

沢田「はい。私は沢田です。実は私はまだ管理職ではないのですが、このようなリーダーのための自己啓発研修などに年10回以上は参加しています。またビジネス書も月に10冊以上は読んでいます。今回はインバスケットということで、自分自身も興味があったのですが、上司が珍しくこの研修を進めたんです。会社から補助も出るということで喜んで参加しました。楽しかったことは、私ごとですが、先日子供ができたことです」

わあ、そうですか。良かったですね。おめでとうございます。じゃあ、お子さんのためにも頑張りましょうね。では、最後に富岡さん、お願いします。

富岡「えっと、名前は富岡亜矢子といいます。漢字は豊富の富に岡山の岡と書きます。あのー、仕事は化学薬品メーカーの開発部にいます。でも開発といっても私はボスの補助というか、カッコよくいうと参謀のような立場です。ルーチン業務が少ないのですが、ややこしいトラブルは私に入ります。インバスケットで、できるだけボスにいくまでにうまく問題解決したいと思い、参加しました。楽しかったことは、先日パチンコで大勝ちしたことです」

ありがとうございます。パチンコですが、私はめっきり負けるので行かないのですが、勝つ秘訣ってありますか？

富岡「ちょっと待ってください。勝ったのは久しぶりでほとんどが負けていますよ。いつも、あーあって感じです」

あ、そうなんですね、ありがとうございます。

では、自己紹介はここまでにして、本題に入っていきたいと思います。本日のカリキュラムは皆様のお手元に配布しております。ご確認ください。

―何を得るのか明確にしよう―

多くのことを皆さんとワークをしながら学習するわけですが、まずお願いしなければならないことがあります。この研修で何を得るかを明確にしてほしいのです。

皆さんは本日リーダーに必要なマネジメントとは何なのか、という研修を受けに来られていますが、誤解してはいけないのは、これを受講すればマネジメント力が上がるということではないのです。

自分で、講義の中から何を得るのかという意識を持って、得るものを探さないと、何も得ることはできません。つまり、研修を受けることが目的ではないのです。

研修という手段を使って、あなたの目的を果たすことが大事なのです。

では、お伺いしていきましょう。磯部さんは本日の研修で何を得たいですか？

本日のカリキュラム

時間	内容
9:00～9:30	・本研修に当たって　・講師紹介　・自己紹介
9:30～10:30	Section 1｜優先順位をつける力
10:30～11:30	Section 2｜問題を発見する力
11:30～12:30	昼食
12:30～13:15	Section 3｜問題を分析する力 Section 4｜意思決定する力
13:15～14:30	Section 5｜生産性を上げる力 Section 6｜トラブルに対応する力
14:45～15:30	Section 7｜時間内にアウトプットを出す力 Section 8｜課題を解決する力
15:30～16:30	Section 9｜見えないものを見通す力 Section 10｜組織を活用する力
16:45～17:30	Section 11｜戦略的に考える力 Section 12｜困難な課題を克服する力
17:30～18:00	・質疑応答

磯部「えーと、何を得たいか……。えー、すいません。はっきりとわかりません。先ほど言ったように、社長から受けてこいと言われましたので、何を得るかは受けてみないとわからないといった感じでしょうか」

はい、では後ほどお伺いしますので、何を得るのかをもう一度考えておいてください。では細谷さんはいかがでしょうか。

細谷「私は、今年初めて管理者になりましたので、結局のところマネジメント力を強化したいと考えています」

そうですか。でもマネジメント力といっても幅が広いですよね。どのようなマネジメント力を身につけたいですか？

細谷「どのような、ですか。人を使うとか、いや、組織を活用する、でしょうか」

突然質問して申し訳ありませんでした。お二人の方、ありがとうございます。

でも、このご質問は必ず皆さん自身で答えを出しておいてください。こうやって参加するだけで、大きな成果を得ることなんてあり得ません。

お仕事でも同じことが言えると思います。明確な目的がないと、成果は生まれません。口を開けて待っていても何も入らないのです。この答えが出ないと、本日の長い時間の研修は全く意味のないものになってしまいます。きっと、本日一日は頭を疲れさせに来たようなだけで終わってしまうことになるでしょう。

どうしてこんなことを講師に言われなくてはならないのか？　と思われるかもしれませんが、私は今まで多くの研修生の方を教えさせていただき、嫌というほど味わったのは、同じ時間、同じカリキュラムをお受けになられても、研修が終わった後に得られるもの、成果は人によって大きく異なるということです。

たとえば、新聞を読んでも、ただ新聞を読んだことに終わる方と、その記事からビジネスのヒントを生み出す方との違いも「何を得るのかを明確にしているか」という違いなのです。

つまり、目的が明確でないと同じ時間や同じ内容の研修でも、自分自身にとって得るものがない時もあるのです。

とは言うものの、研修自体初めてお受けになられる方もいらっしゃいます。これでは何を得られるかわからないと思いますので、この研修の私の目的をインバスケットの説明と交えてお話ししていきましょう。

―この研修の目的―

私は、この研修で、皆様のリーダーとしての判断のスタイルや仕事の進め方について、ご自身の癖に気づいていただき、どうすれば修正して、結果として良い判断ができるのかを考えていただくことを目的としています。それが結果的にマネジメント力の向上につながります。

日ごろ私たちは人生を左右するような大きな決断から、本日の作業は何からするべきかという恒常的な判断まで数多くの判断を繰り返しています。

しかし、この判断の良い悪いはあまり検証されることはありません。検証されたとしても結果がどうだったのかという視点で私たちは見てしまいます。

たとえばほしい洋服があれば、今買うのがよいのか、それとももう一週間待つほうがよいのかなど考えたことはないでしょうか。

今、買ってしまったとして、翌週半額になっていたとしたら……細谷さんはどう思いますか？

細谷「半額？　そりゃ腹が立ちますよ。結局は損しているじゃないですか」

ですよね。ひどい話ですよね。では、誰が悪いのでしょうか？

細谷「結局は買う時に一言声をかけてくれなかった店員が悪いです。顧客に損をさせるなんてひどいですよね」

ははは……、そうですね。

でも、私も同じように考えたかもしれませんね。

ただ、自分の判断の結果が悪いのは、店員さんのせいというお答えのように外部環境の要因だけでしょうか。

私たちは、判断の結果を評価する際に、自分の判断方法ではなく外部環境のせいにしたり、その時はどうしようもなかったなどと理由づけをしたりして、自分の判断の方法を見直そうとすることは少ないのではないでしょうか。

誤った判断に至るプロセス

誤った判断

↑

誤った判断方法（プロセス）

↑

誤った判断をした自分

↑

これが原因 正しい判断方法を知らない自分

実は多くの場合は、誤った判断の要因は外部要因ではなくて自分の判断の方法、つまり自分にあるわけです。

さらに誤った判断の真の要因は、「どのような判断方法が正しいのか知らない自分」にあるのです。

本日はその判断の方法、つまり判断に至るプロセスを学んでいただき、皆さんがリーダーとして必要な、そして正しい判断の方法を身につけて、マネジメント力を高めていただきたいと思います。

インバスケットで重要視する12のプロセスとは、これらのことを指します。

セクション1　優先順位をつける力
セクション2　問題を発見する力
セクション3　問題を分析する力
セクション4　意思決定する力
セクション5　生産性を上げる力
セクション6　トラブルに対応する力
セクション7　時間内にアウトプットを出す力
セクション8　課題を解決する力
セクション9　見えないものを見通す力
セクション10　組織を活用する力
セクション11　戦略的に考える力
セクション12　困難な課題を克服する力

もちろん、リーダーがマネジメントに必要とされる能力はこれだけではありません。しかし、間違った判断をしてはならないリーダーにとって、当たり前だと思われていても実際に発揮できていない、この12個のプロセスは重要なんです。

これらの力を見て、沢田さんはどう思われますか？

沢田「はい、ちょっと意外です。この書かれた能力は、ビジネスパーソンなら誰でも持っており、今回の研修ではもっと何か斬新なスキルをお教えいただけるのかと思っていました」

なるほど。沢田さんのおっしゃる通り、これらはすでに皆さんが持たれている能力やスキルです。ですので、本日はこの一つ一つを皆さんに基礎からお教えするつもりはありません。では、質問を変えて沢田さんにもう一度お伺いします。

これらの能力を普段、十分に発揮できていますか？

沢田「え？　いや、そう言われてみれば、今の私には……発揮できているものもあれば、そうでないものもあると思います。うちの上司は全く発揮できていないと思いますが」

発揮できている能力と発揮できていない能力がある、ということですよね。他の皆さんはいかがですか？　なぜ、持っているのに発揮できないのでしょうか？
今日気づいていただくのは、持っているこれらの力をどのように発揮するべきかを知っていただくことです。

―「ＡＩＤＭＡの法則」の本当の意味―

ＡＩＤＭＡの法則

この法則をご存じの方いらっしゃいますか？
いらっしゃらないみたいですね。この法則は小売業界ではよく使われる法則で、私は商品を売るための法則といっています。

1. Attention　注意をひく
2. Interest　興味を持つ
3. Desire　想像する
4. Memory　覚える
5. Action　行動する

これら五つの頭文字を取った法則です。私が以前、店舗指導員をしていたころに、毎日上がってくる商品売数レポートで、同じ商品なのにほかのお店で売れているのにあるお店では売れていないという現象をよく見かけます。

なぜかな？　と思い、現場に行って見てみると、商品が倉庫から売り場に出されていないのです。これではお客様が商品を買ってくれません。つまり「Attention」の段階で障害が起きているのです。

いかに素晴らしい商品でもお客様の目に触れなければ、次の段階の「Interest」の段階に行っていただけないのです。そして、商品が売り場に出ていたとしてもその商品の良い点を訴求しないと興味を持っていただけません。

レトルト食品なら「今晩のおかずにもう一品」「手軽にレンジであたためるだけ」のように訴求することで「Desire」に行くのです。

しかし興味がわいても、自分の欲望に該当しないとお客様は商品を棚に戻してしまいます。そのような時は訴求の切り口を変えて「小腹が減った時に！」などとお客様のニーズにそった訴求をすると、お客様は興味から欲望に繋げることができるようになり、「Memory」の段階に進みます。

この段階で他の商品と比較したり、成分表を読んだりなどして確信して最後にレジでお金を払って買う「Action」に進むのです。


この考え方は商品やサービスが売れるには、これらのプロセスのどこかに問題があると、結果として購買につながらないというものです。

しかし、私は、ＡＩＤＭＡの考え方は、インバスケット的な考え方にもとても似ていると思います。

インバスケットでは「問題発見」→「仮説」→「情報収集」→「対策立案」→「調整」→「意思決定」というプロセスを辿って問題を解決しますが、どこかのプロセ

AIDMAとインバスケットの考え方

AIDMA	インバスケット
Attention 注意	問題発見
↓	↓
Interest 興味	仮説
↓	↓
Desire 欲求	情報収集
↓	↓
Memory 記憶	対策立案
↓	↓
Action 行動	調整
	↓
	意思決定

どこかのプロセスが抜けると結果が出ない

スに問題があると良い意思決定はできません。

悪い結果が出た時に、結果を振り返るのではなく、結果に至るプロセスを確認してみると必ずどこかのプロセスが飛ばされていたり、十分検討されていなかったりすることが多いのです。

Section 1

優先順位をつける力

仕事の大部分はこれで決まる

— The Lectures of In-Basket —

9:30～10:30

優先順位のつけ方

研修開始前に、多くの方が会社に電話をかけていましたね。皆さんかなりお忙しい毎日を送っているようですが、だいたい何時くらいにお帰りですか？

磯部「うちの会社はみんな遅いですよ。平均したら夜の九時くらいですかね」

都築「私は客先から帰ってきてから書類などを作りますので、他のコンサルタントの方は知りませんが、遅ければ終電になりますね」

なるほどー。皆さん遅くまでお仕事されているのですね。でも、こんな気持ちになったことがありませんか？　朝から晩まで働いても、なかなか成果が上がらない、または評価されない。一方であまり忙しくなさそうなのに、成果を上げるライバルが周りにいませんか？　この違いはなんなのか？

細谷「結局は要領がいいということです。手を抜くところを知っている」

確かに。要領がいいということかもしれませんね。要領がいいというと、なんかずるいというイメージを持ってしまいますが、インバスケット的に表現すると「優先順位設定ができている」と私は思います。優先順位とは多くの事から「何からするべきか」を判断することです。たとえば皆さんは出張から帰って来た翌日の朝、会社に出勤されると何から手をつけられますか。

富岡「えっと、私的には子供がいるのであまり出張ってないのですが、まずはたまっているメールとか、出張費の精算とかでしょうか」

そうですね。たくさん仕事がたまっているでしょうからね。この時の仕事の進め方を見てほしいんです。机の上に置いている未処理の書類や未開封のメールを片っ端から処理する方もいるでしょう。すぐに処理ができるものから手をつける方もい

成果の出ない人と出る人

成果の出ない人		成果の出る人
期限に追われて仕事を進める	⇨	
やりやすい仕事から進める	⇨	
手当たり次第に仕事を進める	⇨	

るでしょう。どの仕事から処理するかという判断は、その方によって異なります。だから仕事の進め方に差が出て、成果も差が出るのですね。

では、成果の出ない方はどのような仕事の進め方をしているのでしょう。上のスライドをご覧ください。

一方で、成果を出している方の仕事の進め方はどのようなものでしょうか。

少し考えてみてください。そうですね。このような感じでしょうか。

・全体を確認して、どの仕事をするべきかを決めている。

・その仕事がどれだけの成果を生み出すのかを考えて進める。
・計画的に仕事を進める。

などいくつか挙げられますよね。では、これらを踏まえて多くの仕事の中から、より高い成果を出すためには、どのように仕事を進めていくべきなのでしょうか？沢田さん、いかがですか。

沢田「はい、これらを踏まえると高い成果を出す仕事を計画的に進めることですよね。リーダーにとってごく当たり前のような気がしますが」

ええ。当たり前のことかもしれません。でも実際の仕事を思い出してみてください。たとえば磯部さんは、いま沢田さんの言われたような仕事の進め方ができていますか？

磯部「えーと、いや正直できていないですね。第一そんな考える時間もありません。次から次と難題が降ってくるといった感じですから。というか、そんな仕事の進め方を実際にやっている人っているのかな」

都築「先生なら、さぞ完璧に行っているんでしょうね」

ははは、次から次へと難題が降ってくる……。私も会社員の頃経験があります。多くの業務が降りかかり、とにかく一つでも多くの業務を処理していっていた頃がありました。しかし振り返ってみると、結局どのような成果が残せたのかというと、全く成果が残せない。

どうして、これだけ仕事を一生懸命しているのに、成果が上がらないのか、いやむしろ一生懸命仕事をすればするほど、仕事が増えるのです。これは仕事の進め方が原因なんですね。今振り返れば、その頃の私が持っていた仕事の進め方は、〝すべてを処理しなければならない〟というスタイルでした。だから、表面的でもとにかく処理だけはする。放置はしない。そのような仕事のスタイルでしたね。

先ほど磯部さんのおっしゃったように〝計画を組む？　そんな時間があれば一つでも多くの仕事を処理するよ〟ということを考えていました。たとえ、計画を組む重要性を理解していたとしても。

磯部「そこなんですよ。わたしも管理職経験が長いんですが、それをどうしたら解決できるかを知りたいと思いますよ。いつも」

そうですね。でも、仕事を数こなしても、仕事は次から次へと増殖するのですね。一方では、あまり仕事をしてないのに成果を出すライバルがいます。きっと、彼は優秀な部下がいる、とか、上司に恵まれているから、仕事がスムーズにできるのだ、と考えてしまいがちですが、その考え方は間違いなのです。バタバタしているのに仕事の成果が出ない、これは仕事の進め方に大きな問題があるからなのです。

あまり仕事をしないのに成果を出す人を〝要領が良い人〟と言いましたが、私はインバスケット的には優先順位設定ができている優秀なリーダーだと思います。要領の良い人は、本当にやらなければならない仕事を見極める能力があるのです。

逆にバタバタしているのに成果が出ないリーダーは、力の入れどころが間違っており、本来の仕事ができていないから成果が上がらないのです。

この時間では「すべてしなければならない」という発想から、「どれをするべきなのか」と判断する発想に切り替える挑戦をしてみてください。

取捨選択の必要性

「どれからするべきなのか」と考える時に、優先的にしなければならない仕事とそうでない仕事を分ける、つまり取捨選択する必要があります。

では、左の図をご覧ください。蛇口から水が注がれて、今にも水がこぼれそうになっていますよね。これは皆さんの現状と置き換えてください。この蛇口から注がれている水が仕事や案件、そしてコップが皆さんの時間と考えてください。このような場合、皆さんならどのように対処するでしょうか。

沢田「このケースであれば、蛇口の水を止めればいいじゃないんですか。ごく当たり前のことですが」

そうですよね。深く考えなくてもそうしますよね。しかし、実際に自分に置き換

蛇口からの水(仕事)でコップ(あなたの時間)が溢れそう

えればどうでしょうか。

蛇口を止める、つまり仕事を取捨選択するよりも、むしろコップを大きくすることを選ぶ方が多いのではないでしょうか。コップを大きくするということは働く時間を増やすということで、たとえば残業したり仕事を家に持って帰ったりということです。しかし、コップを大きくしても、入ってくる水の量が変わらなければ、溢れてくるのは言うまでもありません。

リーダーになればさらに突発的な業務やトラブル、難易度の高い案件が飛び込んできます。だから、コップから水が溢れるのは論外であり、常にコップに水が入るように仕事に取捨選択をつける必要があります。

都築さんはこのような仕事がたくさん入って来た時はどう対処しますか？

都築「自分は、基本一人でしている仕事ですので、頑張って処理するしかありませんよね。コップを大きくするほうを選んでいる可能性は否めませんね」

富岡さんはどうですか。

富岡「私ですか、あのー私はシングルマザーなので、育児と家事それから仕事があるんですね。だから入ってくるものが男性に比べると多いと思います。だから、本当はしなければならないことがあったとしても、目の前の仕事をこなさなければならないので、家に仕事を持って帰ったり……。正直もうどうしようもない状態です。皆さんはこんな状態じゃないですか？」

そうなんですか。家庭と仕事の両立も、大変ですね。多くの方が、蛇口を止めるほうがいいとわかっていても、コップを大きくすることを選ばれているということですね。

コップを大きくしてもやがて水は溢れる

富岡「あのー、というよりも、すでにコップから水がこぼれていて、それを拭いているのに、どんどん仕事を放り込まれるような状態なんです。もうコップもこれ以上大きくなりません。だから、上司が見かねて仕事の進め方を学んでこい、と今日ここに来ているんです」

コップから水がこぼれている……そうですね。頑張って拭き取っているのに、どんどん水が入ってくるんですね。

磯部「えーと、そこなんですね。とにかく来た仕事をとりあえず処理していかないと、もっと溢れてきてしまいますよね。だから、あまり深入りせず、薄く広く処理するスタイルのほうがいいと私は経験上思っています」

うーん、磯部さんそれでは、いつもの仕事の進め方に戻ってしまいませんか。先ほどの図を見ていただいたように、まずは根本の仕事の量を減らすことを考えるべきではないでしょうか。

コップを大きくしたとしても、余裕ができるのは一瞬で、水位が下がることはなく結局溢れてくるのです。溢れた水を拭き取っている間にもどんどん予定外のトラブルなどが入ってきますよね。

本来一番良いのは水を止めることかもしれません。しかし、リーダーには突発的なトラブルや高度な案件処理が急に入ってきます。いわば受け身の仕事も多いのでそれらをすべて止めるのは難しいでしょう。

しかし、本当に優先しなければならない仕事とそうでない仕事を分ける「取捨選択」はできます。これが「すべてしなければならない」から「やらなければならないことを選ぶ」という優先順位の考え方なのです。

「80%の成果を生む20%の仕事」を見分ける

その取捨選択の際に考えなければならないのは、本当に大事な仕事は全体の2割しかないと考えることです。

その2割を選ぶ基準が重要度と緊急度の二つの軸で考えると効果的だということです。この取捨選択をすることであなたのコップに初めて本当に余裕が生まれるのです。

都築「どこから2割が出てくるんですが。なにか基準があるのですか。よくわかりません。できれば根拠をご説明願います」

わかりました。ご説明しましょう。

皆さんはパレートの法則をご存知でしょうか。1897年にイタリアの経済学者パレートが所得分布について発表した法則です。別名「20：80」の法則と呼ばれ、全体の大部分は一部の要素にて構成されているとする法則です。

たとえば、私が以前に勤めていた流通業界ではよく「全体の20％の商品が80％の売り上げを作っている」と言われていました。これは商品だけではなく、顧客にもあてはまります。

すべてのお客様が均等に利益を出しているのかというと、そうではありません。上位の20％の顧客が利益の80％を出しているとも言えるのです。

職場にたとえると、全従業員の20％が会社の80％の利益を稼いでいると言えるのではないでしょうか。

もちろん、この20％が30％になることもあるかもしれませんが、この法則は、すべてが重要ではなく、物事の大部分に影響を与えるのは一部分であるということを教えてくれています。

この考え方をインバスケットに当てはめると、すべての案件に均等に力をかけるのではなく重要な20％の案件を完全に処理できれば、80％の成果を出したことになるのです。

だから降りかかる仕事をとりあえずすべて処理するスタイルではなく、20％の重要な仕事を見つけ出してその仕事から先に進めるような姿勢を身につけなければなりません。

逆に言うと、たとえ全体の80%の仕事を終わらせたとしても、その仕事が重要な仕事でなければ、それはたった20%の成果しかもたらさないのですね。

冒頭に申し上げたように、ばたばたと忙しかったけど成果が大して出せないということは、このあまり重要でない8割の仕事に忙殺されていた可能性がありますね。

この重要な20%の仕事をどうして見分けるかが、インバスケット的な優先順位設定です。具体的にどう分けるべきか、この後少し休憩を取ってからお話をしていきます。

Rest & Questions

細谷「一つ質問させてください。仕事の進め方についてですが、自分は、まずすぐに処理できる仕事をこなして、その後に時間があれば重要な仕事をするようにしています。これはつまり誤りなのでしょうか」

仕事の進め方に完全な間違いはないと思います。仕事のテンポをつけるために軽めの仕事をいくつかこなしてから重要な仕事に入るというスタイルがあってもいいと思います。しかし最初にできる仕事から処理していった場合に、残った時間で重要な仕事をするということが今までできたことがありますか？

細谷「できないです。結局はそこをどうすればいいか聞きたいのです」

だからこそ、時間が余るということはない、自分で時間を作らなければならないという観念を持つこともリーダーの時間管理の大事なところです。

緊急度と重要度

はい、みなさん、揃われましたね。では、優先順位をつける際にどのように分けるべきかを考えて行きましょう。磯部さんは仕事がたくさんある時に、どの順番で処理をしていきますか。

磯部「とりあえず期限が迫っているものや締め切りが迫っているものからです」

細谷さんは？

細谷「私は、先ほど先生に申し上げた通り、すぐにできるものからやっていきます。結局はすべてしなくてはいけないですから」

都築さんはどうですか？

都築「いやー、自分はその時に興味のあるものから取り組んでいきますね。自分ではこれが一番効率はいいと思いますが」

はい、ありがとうございます。多くの方が今の3名の方が言われたパターンで優先順位をつけて仕事をされているのではないでしょうか。特に忙しい時こそ、目の前の仕事を一つでも減らしたいですからね。

でも、これらの優先順位のつけ方はリーダーが取るべき優先順位のつけ方ではありません。リーダーの取るべき優先順位設定は、まず全体を把握して、その中から緊急度と重要度を考えて何からするべきかを決める必要があるのです。

緊急度とは先ほど磯部さんのおっしゃった時間軸のことです。

ここではもう一つ「重要度」という軸も考えて仕事を区分けしてみましょう。

通常私たちは、緊急度つまり時間軸でやるべきことを決めていきます。スケジュール帳も時間軸ですね。カレンダーもそうです。期限がある仕事って、すぐし

優先順位設定マトリックスの意味

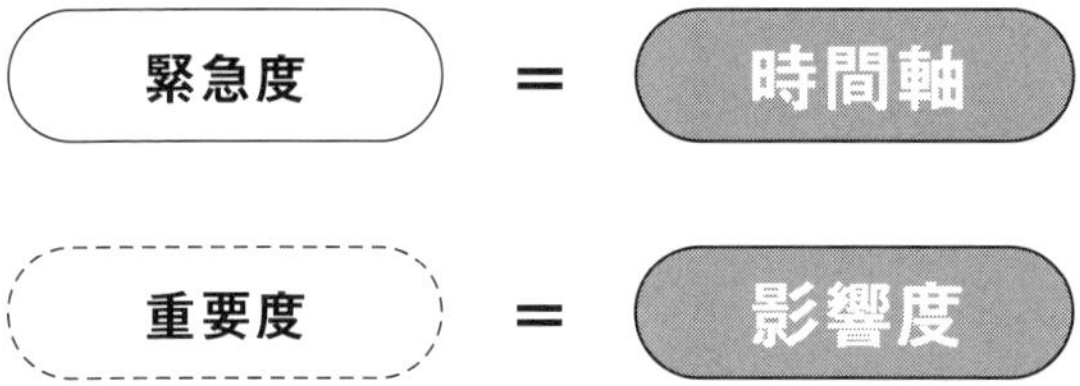

なければならないと思ってしまいますよね。
でも、リーダーにはもう一つ重要度という軸を加えていただきたいのです。

この重要度ですが、注意しなければならないのは、何が重要かはその方の考え方によって異なります。重要度とは私にとって重要でも、皆さまには重要でないかもしれませんし、時間が迫っていることが重要だと考えられる方もいます。それでは混同してしまいますので、この場合は「影響度」と考えていただいてもいいでしょう。

つまりその案件をしないことで発生する被害やリスク、また影響の範囲や影響の継続性などを考えるのです。

この「緊急度」と「重要度」の二つの軸で優先度を考えると、優先順位設定が大きく変わるのではないでしょうか。

では、宿題としてお願いしておいた、皆さんの一日の作業を書いた付箋を出してください。今お配りしている「優先順位マトリックス」で緊急度と重要度で分けていきましょう。

Work

付箋に本日（昨日）の作業の内容を20枚ほど書いて、優先順位設定マトリックスに貼ってください。

まず、この図の説明をしますね。この図は緊急度と重要度の二つの軸を使った優先順位設定マトリックスです。それぞれの軸には高中低の三つの区切りを作っています。このマトリックスを使って今からワークを行います。

では、宿題でお願いしていました、ある日の一日の業務を書いた付箋を出してみてください。

優先順位設定マトリックス

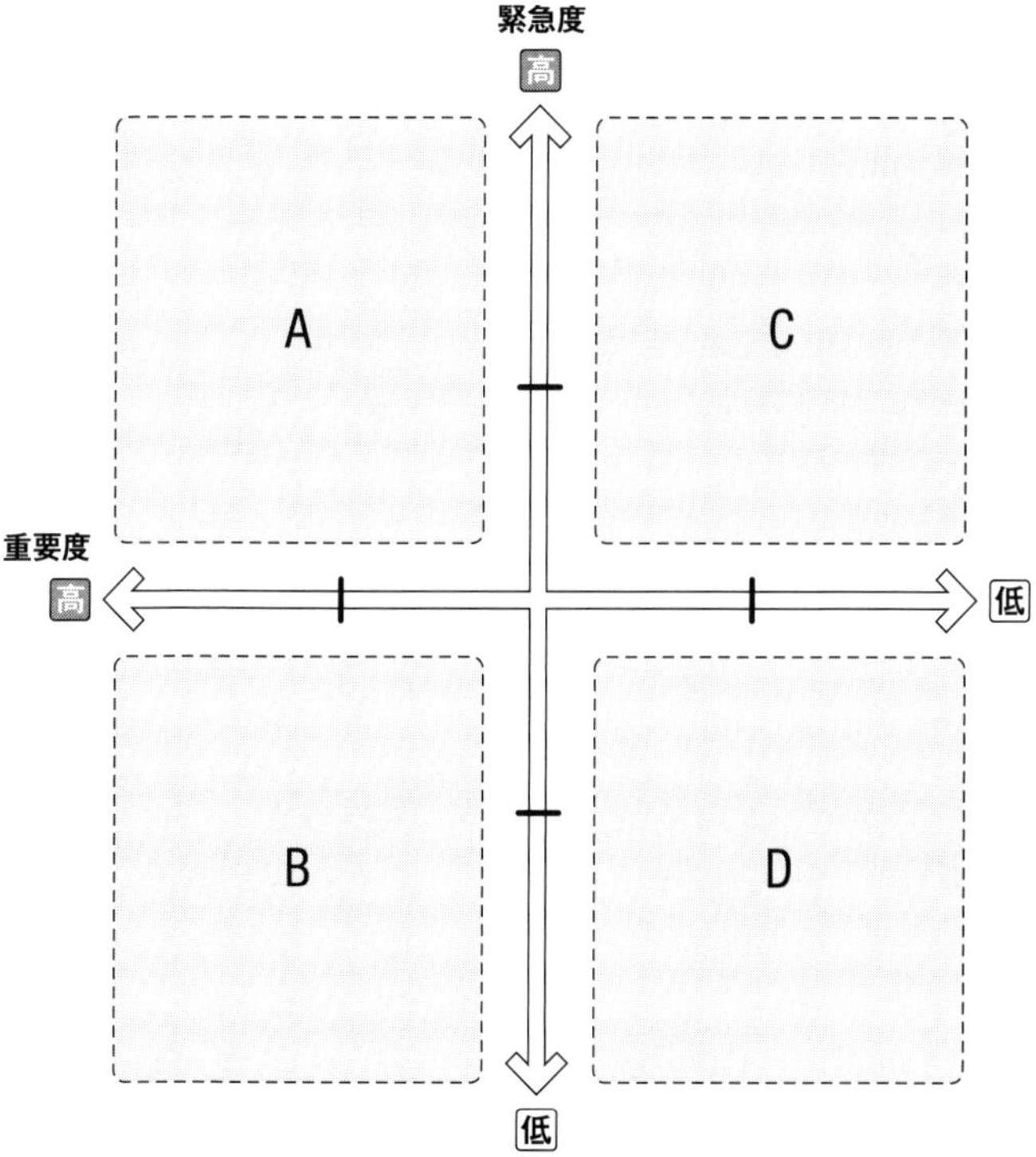

あれ？　磯部さんはそれだけ？

磯部「そうです。7枚です」

磯部さんの一日の仕事は7つだけですか？
よろしければ読み上げてみてください。

磯部「はい、では朝から行きます。〝朝礼実施〟〝メールチェック〟〝商談〟〝会議〟〝メールチェック〟〝報告書作成〟。以上です」

はい、ありがとうございます。では、その7つの付箋に所要時間を記入して、すべてを足してみてください。

磯部「はい、えーと、3時間45分ですね……」

磯部さんの勤務時間はどのくらいですか？

磯部「平均で12時間ほどです。あ、というか決して暇なわけではないですよ。毎日仕事に追われていますから」

ははは。暇なんて思っていませんよ。では、もう一度一日の業務を思い出して付箋にすべて書き出してください。いいですか、すべてですよ。これはいいか……と削除することのないようにしてくださいね。ね、磯部さん。

磯部「そ、そうですね。朝、朝礼終わったら、そうか取引先から納品の確認の電話があった……」

そうそう、その調子。棚卸ですからすべてピックアップしてください。

（読者の皆さんもピックアップしましょう）

では、皆さん仕分けができたでしょうか？

次に色の違う付箋を配ります。こちらには、次のことを書いてください。

・やろうと思ってできなかったこと
・手帳に書いて先送りになっていること
・あなた自身がやらなければならないと思っていること

（読者の皆さんも違う色のペンで書いてみましょう）


書き終わったら、その付箋のすべてをマトリックスに貼ってみましょう。

皆さんの仕事を書いた付箋を、できるだけ客観的に緊急度と重要度で仕分けしてみてください。その仕事に対する思いや興味などの主観は入れないでくださいね。

このワークは誰のためでもなく、皆さんの仕事の棚卸と思って行ってください。

どうでしょうか？　貼り終わりましたか？

磯部さんいかがですか？　おっ、ほとんどAの領域に貼られていますね。しかし、これでは棚卸になりませんよ。緊急度と重要度で考えてください。

磯部「そこなんですよ。どう考えてもすべて緊急で重要なものばかりですが……」

磯部さんがおっしゃっていることはわかります。だって、誰もどうでもよいような仕事はしませんよね。でも多くの場合、しなければならない、と思っているのは自分だけのこともあるのです。だから、もう一度、こう考えていただけませんか？今すぐにするほうがよいのか、後でもよいのか、これが緊急度です。

磯部「え、はい。えーと、これは今すぐするほうがよいのか、……うん、期限が決まっているのですぐにしなければならないです。緊急度高っと」

はい、いいですよ。重要度はこの案件をしなければどのような影響が出るのか？と考えて仕分けをしてみてください。

磯部「えーと、この案件をしなければ……会議の資料だからどうかな。でもなくても、すこし自分が質問を受けた時に困るくらいなので、重要度は低いですかね」

そうですね。そしたら、AからCの領域に移りましたね。

磯部「そうですね。というかこれはしなくてもいい仕事だったんですね」

いやそうは言い切れません。その判断は、すべての作業をマトリックスで分けてから考えましょう。皆さんももう一度、緊急度と重要度で客観的に仕分けをしてみてください。

はいどうでしょう。あ、磯部さん、かなり変わりましたね。良い仕分けです。では、皆さんも自分のマトリックスを見てください。ご自身の仕事のパワーのかけ方がおわかりいただけたと思います。皆さんの付箋が貼られている領域はどの領域が多いですか？　磯部さんはどうでしょうか。

磯部「えーと、AとCが多いですね。すべてAだと思ったのですが……」

富岡さんはどうですか。

富岡「ちょっと待ってください、あーあ、Aばかりです。やはりすべてしなければならないということですね」

うーん、そうですね。Ａの象限は確かに緊急度も高く、重要度も高いのですが、個々の案件は俗に言う「火のついた案件」なんですね。

だから、この案件が仕事の中で多いということは、いつも火消しをしているといえます。火消しは表面的な処理であって、根本的な解決にはつながりません。

本来、管理者が一番力を入れなければならないのはＢの領域なのです。いかがですか？　Ｂの領域にどれだけ付箋が貼られていますか。

次に注目してほしいのは、後でお渡しした付箋「できなかったこと」はどの領域に貼られていますか？　都築さんどうでしょうか？

都築「自分では納得いきませんが、Ｂの領域に入っていますね」

その通り、多くの方がＢの領域にできなかったことが貼られていると思います。これは、厳しい言い方をすると、本来やらなければならないことができていないということです。では、前のスクリーンを見てください。

優先順位設定マトリックス

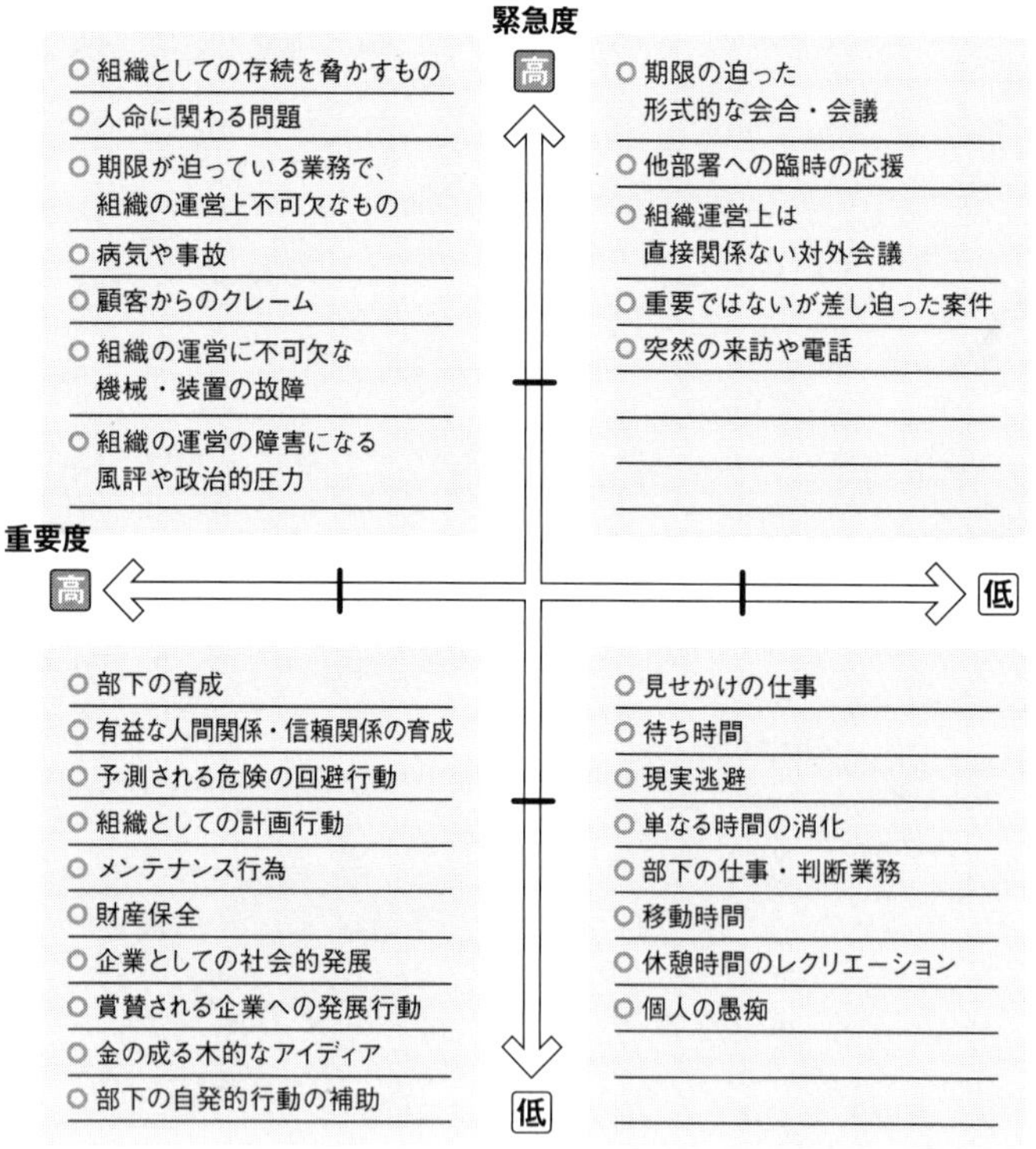
緊急度
高
低
重要度
高
低
○組織としての存続を脅かすもの
○人命に関わる問題
○期限が迫っている業務で、組織の運営上不可欠なもの
○病気や事故
○顧客からのクレーム
○組織の運営に不可欠な機械・装置の故障
○組織の運営の障害になる風評や政治的圧力
○期限の迫った形式的な会合・会議
○他部署への臨時の応援
○組織運営上は直接関係ない対外会議
○重要ではないが差し迫った案件
○突然の来訪や電話
○部下の育成
○有益な人間関係・信頼関係の育成
○予測される危険の回避行動
○組織としての計画行動
○メンテナンス行為
○財産保全
○企業としての社会的発展
○賞賛される企業への発展行動
○金の成る木的なアイディア
○部下の自発的行動の補助
○見せかけの仕事
○待ち時間
○現実逃避
○単なる時間の消化
○部下の仕事・判断業務
○移動時間
○休憩時間のレクリエーション
○個人の愚痴

これは、業務の分類を大まかに分けたものです。本来管理者がするべき領域はBの領域であり、Cの領域ではありません。この冷静に仕事の棚卸をしている時間もBの領域にあてはまります。

この仕事の棚卸をぜひ自分だけではなく、皆さんの部下にもさせてみてください。特に「忙しい」と言っている部下に、この棚卸をやらせてみてください。きっと自分自身が忙しさを作っていることに気がつくはずです。

細谷「先生、質問いいですか？　Ａの領域はすぐにしなくてはならないのはよくわかります。そしてＢの領域の大切さもわかりました。でも、結局、現実はＣの領域の仕事に追われてしまいます。どうすればこのジレンマから抜け出せるのでしょうか」

確かにそうですね。特に責任感の強い方や完璧主義の方に多い傾向です。私はＣの領域を無視しろと言っているわけではありません。パワーのかけ方を変えてほしいのです。いつも会議の資料作成に1時間かけているのであれば、20分で終わらせて、その空いた時間をＢの領域に回して欲しいのです。

Ｂの領域の仕事をするほど、Ａの領域の仕事が徐々に減ってきます。Ａの領域の仕事の要因の多くはＢの領域だからです。だから、Ｂの領域の仕事を増やす分だけ細谷さんの時間が余ると思ってはいかがでしょうか。

問題を発見する力

あなたが解決しているのは
本当の問題ではない

— The Lectures of In-Basket —

10:30~11:30

見える問題と見えない問題

5

Work

あなたが職場で抱えている「問題」を一つずつ、次の区分で挙げてください。

・見える問題
・見えない問題
・作った問題

そろそろお腹が減ってきた頃かもしれませんが、次のカリキュラムに進みたいと思います。このセクションでは、リーダーが発揮すべき問題発見力を考えていきます。今、白紙の紙をお渡ししておりますので、そちらに今週あなたが遭遇した大きな問題を書いてください。

さていかがでしょうか。お書きいただきましたか？　では、差し支えない限りでどなたかお教えいただけないでしょうか。あ、皆さん目をそむけた。では指名をさせていただきます。細谷さんお願いできませんか？

細谷「はい。わかりました。では、私の例を……私は2か月前に今の紳士服販売店の店長として着任しましたが、先日、お客様のスーツの渡し間違いがあり、大きなクレームになりました。この解決が大変でした」

そうですか。それは大変でしたね。で、細谷さんは何を問題視されましたか？

細谷「ええ、お客様がご立腹だったので、とにかくお客様にお詫びして……」

あ、細谷さん、今、お伺いしたのは問題点なのですが、解決策ではありません。

解決策はこのあとプロセスを辿って考えましょう。

細谷「ああ、問題点は結局、渡し間違いでお客様が怒っている、ということです」

渡し間違いでお客様が怒っている……確かに問題点ですね。ただ、それだけでしょうか？

細谷「え？　結局はお客様が怒っていることが問題じゃないんですか」

確かに細谷さんの言われているように、お客様が怒っているという問題はすぐに解決しないとならない問題ですね。でもその問題だけを解決するのがリーダーの仕事ではありません。他の方も、今回の細谷さんがご紹介していただいたケースから、問題点は何かを考えてください。どなたか気づかれた方はいますか？

都築「詳細はよくわかりませんが、渡し間違いをしたことが自分は問題じゃないかと推測しています」

細谷「ええ、それは私も。結局はそこが問題だと思っていたんです」

そうですね、渡し間違えたことも問題ですよね。では、少し問題発見についてお話をしましょう。

今、お二人におっしゃっていただいた問題点は、見える問題と言います。問題には二つ種類があり、「見える問題」と「見えない問題」があります。見える問題とは、現状発生している事象で、この場合は「渡し間違いがあった」とか「お客様が怒っている」という問題です。

一方の見えない問題とは見える問題の背景や要因となっている問題です。このケースでは、渡し間違いが起きた背景をリーダーは探ってほしいのです。

細谷さん、この渡し間違いはどうして発生したのでしょうか？

細谷「結局はケアレスミスです。つまり本来、お直し票を起票した担当者が、お直し終了後に内容と照らし合わせて、お渡し場所に持っていき、お渡しの際にも確認する作業があったのですが、すべてスルーしてしまったんですね」

なるほど、ではその確認ミスはどうして起きたのでしょうか？

細谷「まず担当した人間が今年の新卒で入社した経験の浅い人間だったこと、昨年より人員がかなり減っており、カウンターがバタバタしていることが挙げられます」

うーむ、ではどうして経験の浅い新卒担当者がミスをしたのでしょうか？

細谷「きちんと教育せずに現場に出しているからかもしれません。それに人員減でも、カウンターのオペレーションは以前のままというのも要因ですね」

はい、ありがとうございます。このように背景を探っていくと、いろんな問題点が出ていましたよね。これがリーダーが見つけるべき問題点なのです。つまり見えない問題なのです。

都築「先生のおっしゃることは確かに正論ですし、見えない問題が重要だとはわかりますが、なかなかそこまで手が回らないのが現実ですよ。経営者でさえ、問題が起きてからバタバタしているのが現状ですから」

手が回らない、そうですね。しかし、見える問題はたとえ解決したとしても、同じ問題が続々と出てくるはずです。それは見えない問題を解決していないからなんです。

では、煮詰まってきたようですので、少しお話をしたいと思います。

先日、私は「予防医学」のセミナーに出席しました。予防という分野はインバスケットでも大事ですので興味があったんですね。そのセミナーでは発病してからの治療より、発病しないように予防することの重要性をお話ししてくれたのですが、その中で興味深いお話がありましたのでご紹介します。

以前は成人病といわれた病気は、今は生活習慣病と呼ばれています。生活習慣病とは、糖尿病や生活習慣病などのことをいいますが、名前が変わった理由は、今は成人だけではなく、子供などもこの病気になるケースが増えているからです。

さて、この生活習慣病を予防するには、まず問題点を把握しなければなりません。

そこでその先生が言われたのは、生活習慣病の問題点は偏った食生活である、ということでした。私は「そうだよな」と思って聞いていたのですが、その先生は、しかし、それは本質的な問題ではないというのです。

本質的な問題点は、「偏った食生活ではなく、偏った食生活をする自分である」と言いました。確かに、偏った食生活を一時的に直しても、またすぐに戻るかもしれません。感心して聞いていると、さらにその先生はこういうのです。

より本質的な問題は「偏った食生活をする自分」ではなく、「どのような食生活をするべきなのか知らないこと」だというのです。

これには目からうろこが落ちましたね。どのような食生活が正しいのかを知らないと、正しい食生活を送れるはずがありません。つまり、本質的な問題点が解決できないと、それは表面的な問題解決にしかなりません。表面的な問題解決を続けても、本質の部分はいつまでたっても解決しません。そればかりか本質的な問題解決ができないと、いつまでも同様の問題ばかりに追われることになるのです。

都築「理論的にはそうかもしれませんがね。現実は厳しいですよ。本質の解決は私も難しいと思いますよ」

見える問題と見えない問題

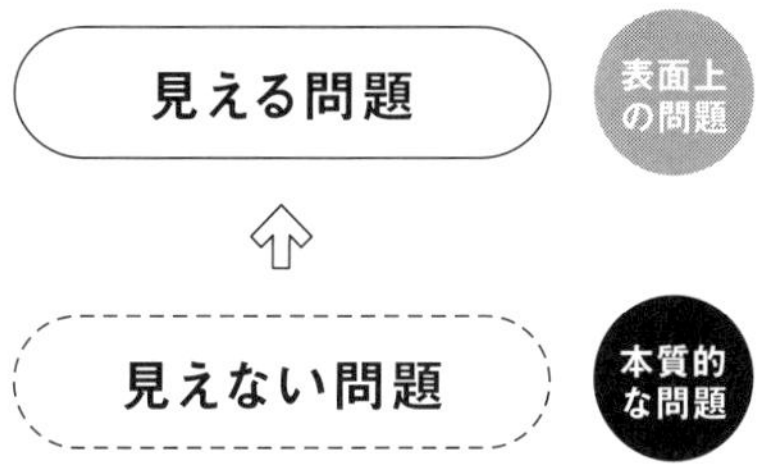

ええ、しかし、これは理論ではありませんし、実際に常に本質は何かという問題発見力を持たなければ、いつまで経ってもポイントの外れた問題解決になってしまいます。問題解決の一番大事なことは、本質的な問題を発見できるかということです。

先ほど問題発見には「見える問題」と「見えない問題」があると申し上げました。どんなトラブルや問題にも、必ず二つの問題点があるのです。私たちは多くの場合見える問題だけを処理しており、この見えない問題は見つけることができません。

細谷さんにご紹介いただいた事例でも、見える問題は確かにすぐに処理をしなければならないので、多くの方が見える問題の解決をされます。しかし、本来リーダーは見えない問題に目を向けて、この事例の発生した要因を解決することが本当の問題解決なのです。

また一つお話をしたいと思います。

ある街でイノシシが民家の近くに出没し、農作物の被害も増加し困っていたようです。そこである製品が開発されました。イノシシよけの線香です。この線香は蚊取り線香のような形状で、煙にはトウガラシの辛み成分の「カプサイシン」が含まれるので、イノシシが寄り付かないようになるとのことらしいです。これで、イノシシによる被害は食い止められたとのことですが、そのイノシシよけの線香を開発された方はこう言ったそうです。

「本当はイノシシが山から街に下りて来ないような環境ができるといいのですが」

つまり、イノシシが街に下りて来ない環境を作ることが本質的な解決であり、イノシシよけ線香はあくまで表面的問題解決にしかならないということなのです。

磯部「ふーむ、出てきた問題を叩くより、出てくる前に叩くということか……」

そうですね。虫歯の治療をする時に思いませんか？　どうしてきちんと歯を磨かなかったのか？　とか予防しなかったのか？　って。

磯部「思います。思います。まさに今そうですよ。私は歯茎ですが」

あはは。ですよね。虫歯の治療は表面的な処理であり、予防をしっかりしないとまた別の歯が虫歯になりますよね、歯茎も一緒ですね。

磯部「そこなんですよ、わかりやすいたとえですね。歯槽膿漏もそうですよね。あれもつらい、しみるんですよ……」

あー、磯部さんは歯医者にお詳しいようですが、そろそろ話を本題に戻していきますね（笑）。見えない問題が見えるようになってきた所で、もう一つどなたか例を出していただけるとありがたいのですが……。ま、問題をご自身から進んで発表される方もあまりいませんが……。どなたか、お願いできませんか？

沢田「じゃ、私が行きますね。私の職場の問題点は上司です。この上司が仕事ができないのです。これが一番の問題です」

うん、なかなか言いづらいことを明確に言っていただきましたね。上司の方が仕事ができないのが問題点なのですね。では、その問題点は具体的にどのような影響をもたらしているのですか。

沢田「私の課長のことなので、あまりおおっぴらに批判するのはどうかと思いますが、指示が不明確ですし、課内の雰囲気もたるんでいますし、ゆるゆるな雰囲気です。でも、運がいいことに業績だけは良くて、今期も普通にしていても目標は達成しそうなのです。だから、課長も緊張感がなく、それに従って私の部下も『あまり無理しなくても大丈夫』などという始末です。この雰囲気が嫌なんです」

磯部「えーと、それはでも、結果がいいから良いことであり、大きな問題ではないような気がしますがね。ビジネスは結果ですからね。ぜひ私もそのような幸運にあずかりたいものですよ」

都築「いや、何もしなくて目標が突破できるのは、目標設定がおかしいのではないですか。私は、どのようにして目標を立てられたのかが問題点だと思います。いかがでしょうか」

沢田「それが目標は結構高いんですね。他の部署と比べてもそん色ありませんし、前半は全員達成は難しいと感じていたんです。だからこそ、みんな必死になって営業をかけたのですが、大きな取引がまとまり出して、目標達成が見込めるようになり、それがわかった瞬間、今までの緊張の糸が切れたかのようにゆるゆる感が出てきたんです。そんな時に、引き締めるのはリーダーである課長の役目なんですが、本人も『良かったなあ、みんなのおかげだよ』なんて言ったりして、私は取れる時に業績を取っておくことが会社のためだと思ってるんです」

磯部「それは沢田さん、失礼ですが、若いですよ。仕事は目標を達成することが大事です。楽々達成できるなんてめったにないんで、そんな時は少しゆっくりとしてもいいですよ。それもリーダーとしてのゆとりみたいなものですかね」

沢田「そんなものですか。……先生はどう思われます」

　ははは、そうですね。リーダーにはいろんなタイプがいますから、どのリーダーが正解かは私にもわかりません。あまり緊張感を継続させるとメンバーのモチベーションが落ちたり、緊張感がなさ過ぎると統率がとれなかったりとリーダーはその状態に応じて、リーダーシップを変える必要があると思いますが、このセクションは問題発見ですので、本題に戻しますね。

　実は今の討議の中で素晴らしい問題発見があったのですが、おわかりですか？

細谷「私は少しお話を聞いていたのですが、結局は都築さんのおっしゃった目標設定が問題か？　でも、かなり頑張ったから達成したんであれば、目標設定が問題でもないような……結局は何が問題かわかりません」

　はい、このような状況では何が問題かよくわからないが、何か気になる問題があるような気がする。こんなケース皆さんにもありませんか？

　今回のお話の中で沢田さんが、取れる時に業績を取っておく、とおっしゃいましたね。これが非常に素晴らしい問題発見なのです。

磯部「えーと、すいません。取れる時に取っておく？　よくわかりませんどうして問題点なんでしょうか」

はい、通常問題点とは、目標やあるべき姿からのギャップを指します。目標に届かないのであればそれが問題ですよね。

磯部「そうですね。でも今回は目標に到達しているから問題ではないじゃないですか？　何も仕事を増やさなくても」

目標に到達しても、沢田さんはもっと業績を上げようと、さらに高い目標を立てられましたよね。これを目標の再設定と言います。つまり、現状の目標からあるべき姿をさらに高くするのです。

たとえば目標体重まで頑張ってダイエットした、とします。そこで、目標に辿りついたから良い、と設定するのか、それとももう数キロ頑張ろうとするのかで、その後の計画も異なりますよね。新たな目標を設定することで、現状とのギャップが発生します。すると問題点が発生しますよね。

磯部「はあ、でもわざわざ自分で問題を作らなくてもいいんじゃゃ……」

　磯部さん、リーダーは確かにチームの緊張をほぐす時も必要ですが、チームの資源、つまりメンバーの能力を常に最大限活用して成果を上げることが求められています。

　私は多くの方がインバスケット試験を受けられるのを見ていて、試験終了の5分前に注目します。5分前の声を掛けると、会場に必ず数名、試験をするのを止める方がいます。試験終了後にその方に止めた理由を聞くと二つの答えが返ってきます。一つは試験をあきらめた方、もう一つは完全にできたからもう止めた方です。

都築「インバスケットって時間内に完全にできないように作られていると聞きましたが。そんな優秀な方はいるとは思えません」

リーダーに求められる問題発見力

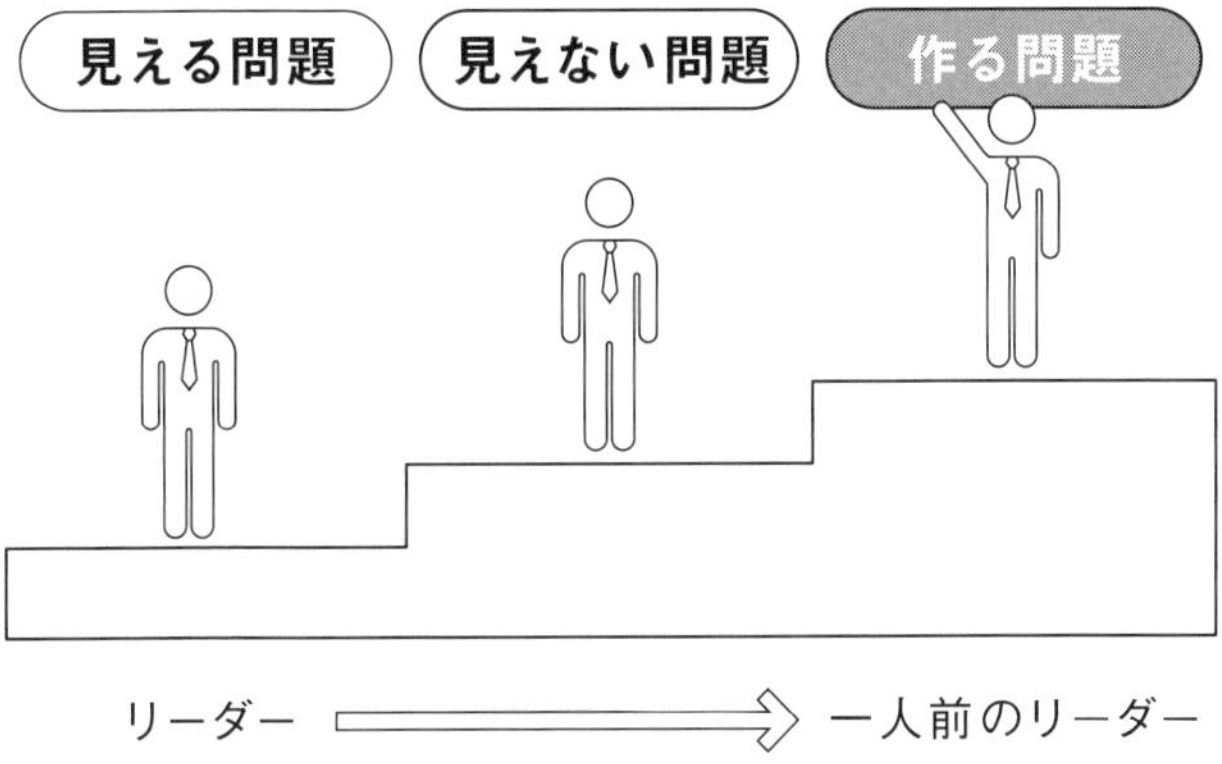

そうですね。インバスケットに私は完全な解答など存在しないと思います。その方の解答を拝見すると、確かに全案件は処理をしているのですが、案件処理の深さは決して評価できるものではありませんでした。

私はその解答の精度をどうこうと申しているのではありません。仮に時間内に完全な解答をしたとしても、与えられた時間があるのであれば、それを有効に使って、さらに良い解答にしようとする姿勢はリーダーに必要だと確信しているんです。

きっと、その方がリーダーになれば、今回の沢田さんのように、「もっと頑張ろう！」なんてことは言わないでしょう。もしお2人がリーダー候補としてどちらが適しているかというと、今回の行動だけを比較すると沢田さんの行動が評価されるべきだと思います。

富岡「えっと、私もそう思います。目標達成したとしても、満足せず、新しい目標を設定してくれるリーダーについていきたいですね。私的には」

そうですね。まとめますと、リーダーは問題を作る仕事でなくてはならないのです。今回、見える問題、見えない問題、そして作る問題を考えてきました。いつも皆さんはどのような問題を発見されることが多いでしょうか。徐々に解決する問題を右に移していく視点を持ってください。

つまり、図のように、すでに見えている問題を上手く処理するリーダーは半人前で、見えない本質的な問題を解決した上で、自ら問題を作り出すことで初めて一人前のリーダーといえるのです。

Rest & Questions

沢田「すいません、先生。先ほどはありがとうございました。なんか自分のやっているこことが正しいかどうか不安だったのですが、すごく方向が見えてすっきりしました。でも、まだもやもやしているところがあって……。実は、もっと目標を上げるべきだと課内の会議で提案したのですが、課長はじめ課員の雰囲気が〝余計な提案をするな〟という冷ややかなモノだったんですね。このような場合は、どんな提案の方法が良かったんでしょうか？」

あ、いい提案なのに通らなかったんですね。そうですね。まずは自分は正しいことをいっていると自信を持つといいのではないでしょうか。だって、沢田さんの提案は本来評価されるべきことなんですから。おそらく、真っ向から反論は出なかったでしょ。それは、いっていることはあっていると周りも認めているからですよ。あとは、どのように周りを巻き込むかなんですね。

沢田「そうなんです。実は私に足りないのは、よくコミュニケーション能力だと指摘を受けて、自分自身も課題だと思っています。でも、自分はごく当たり前で正しいことをいっているのになぜか受け入れてもらえないことが多いんです」

うん、うん、正しいのに受け入れてもらえないとつらいですよね。沢田さん、たとえば今回のケースで、目標が達成したから、新しい目標を設定したと上司の方に宣言されたらどう思いますか？

沢田「今まで頑張ってきたのに、さらに頑張れと言われても腑に落ちないですね」

じゃ、よく頑張ってくれた！　社内でも注目されている。折角ここまで頑張ったので全支店で一位を目指そう、と言われたらどう思われます？

沢田「いや、頑張ろうと思いますね」

ははは、でも目標を上げているのは変わりないですよね。表現を変えただけなんですよ。目標をもっと高くする時には、同じ軸ではなくて軸自体を変えてあげるのもテクニックですよね。そして評価されているという称賛の言葉を必ず添えてあげるのも一つですね。

沢田「なるほどー。一度提案方法を変えてみます。そう言えばうちの課長は仕事はできませんが、とにかく部下を褒めることは上手いですね」

富岡「ちょっと待ってください、質問して大丈夫ですか。私よく上司に、〝それはどうでもいい問題だ！　おまえはわかっていない〟と怒られますが、私は先ほど先生のおっしゃられた見えない問題や作る問題を解決しようとしているつもりなのですが、これって、いつもあーあって思うんです。これって、私がおかしかったりするんですか？」

うーん、そうですねえ。ええ、問題がいくつかあった場合に、どの問題から処理していくかという優先順位があるんですね。たとえば目の前で、機械から煙が出てるのに、どうして出ているのだろう、と思慮するより、とにかく見える問題、煙が出ている現象を解決しなければならないですよね。

その後に、どうして煙が出たのか背景の問題点を探ったり、メンテナンスの問題などの見えない問題に入ります。この順番が逆だと、問題点の優先度の設定がおかしくなってしまうかもしれませんね。

仕事は皿回しのようなものです。いくつもの大小のお皿が回っていて、どれが落ちそうなのか、落ちた時に被害が大きいのはどれなのかを推測しながら、皿を回します。だから問題を発見するのも、どの問題から解決するべきなのかを考える必要があるんですね。

お昼休み

— The Lectures of In-Basket —

11:30～12:30

沢田「ところで先生。先ほどの優先順位設定でお聞きしたいことがあるのですが」

なんですか。なんでもどうぞ。

沢田「すいません。食事中に……実は私は常に計画を組んで、何からするべきかを決めて仕事を進めているのですが、上司が無計画に指示を出すので、いつもペースを狂わされるのです。これって何か対策ってありますか？」

それは困りますよね。で、上司の方は、すぐにしろ、とおっしゃるのですか？

沢田「いや、必ずしもそうでもないのですが、やはり上司の指示はすぐにするべきかと思って、すぐするのです」

え？　じゃ。上司の方には急ぎなのか、とか期限とか聞かれないのですか？

沢田「聞きます。急ぎますよね？　すると上司は、ああ、よろしく、と言うのです」

で、その仕事は上司の方にとって本当に急がれる仕事だったんでしょうか？

沢田「えーと、もちろん急ぐものもあるみたいですが、中には大して急がないものもありますね。それなら別に急がないといってほしいですけどね」

沢田さんは責任感が強いから、上司の指示はすぐにしてあげようと思うのですね。そんなとき、磯部さんならどうします。

磯部「私なら。案件の中身から何時までにするべきかを判断しますね。なんでも急ぐという上司もいますので、それを真に受けると仕事になりませんから」

ほう、磯部さんが判断するんですね。で、その優先順位設定は上司の方の考えと合っていましたか？

磯部「たまに外れますね。後回しにしていると〝何やっているんだ。急いでいると言っただろう！〟って、だったらすべて急ぐなんて言わなければいいのに」

ははは……。

沢田「で、先生だったらどう受けますか」

そうですね。まず、指示を受ける際に「期限」と「目的」と「実行手段」の三つを聞きます。「5W2H」をすべて聞ければいいのでしょうが、上司の方もそこまで聞かれると困るかもしれませんから、この三つは聞いておくべきでしょうね。すると、おおよその優先順位が見えてきます。沢田さんの立場ではなく課長の立場に立ってあげて優先順位を考えてみてはいかがでしょうか。

たとえば、何でもないような企画書の表紙作りでも、それ自身ができていなければ企画書が完成しませんよね。後工程を考えると、それ自身は大したことのない作業でも優先順位が高くなることもあるんですよね。

沢田「なるほど……でも上司の立場での優先順位って難しいですよね」

そうですね。自分で判断がつかない場合は、上司の方に優先順位をつけていただいてもいいと思いますよ。実は今この作業をしているのですが、こちらを先にしたほうがよろしいでしょうか？　とか……。

沢田「そういう指示の受け方もありですよね。でも、うちの課長きちんと答えるかな」

細谷「先生、私もいいですか？　私の上司は指示通り仕上げた仕事に後になって変更や修正を指示します。言った通りに提出したのに、結局はやり直しです。こんなのはどうしたらいいんですかね」

はははは……細谷さんは上司の言われることは確実にしたのに、結果を出すと変更指示されるんですね。困るでしょう？

細谷「ええ、自分が悪いならともかく。いつも二度手間ばかり。それだったら初めからきちんと説明してください、ってことでしょう」

沢田「ああ、私もありますよ。これって、上司の出来が悪いと思って、あきらめるしかないんですかね」

まあ、その手もあるかもしれませんが、これも先ほどと同じように受け手側の責任もあると思います。指示って大抵言葉ですよね。だから指示を受けた時は、お互いが共有できるように図に描いて確認するといいですよ。私はできるだけ自分は描かずに上司に描いてもらったりしましたね。

それと、できあがってからではなく、少し不安があるような時は、形になる前に途中経過報告として確認をしていました。言うことがよく変わる上司の方だとこの手でだいぶ、ご自身の仕事が進みやすくなると思いますよ。

細谷「つまり、中間報告ですか」

自分の仕事を計画通り進めるためには、そういう手段もあるのではないですか？もっとも、自分が上司になった時にそのような指示はしないことも大事ですけどね。細谷さんもご自身の部下がどのように指示を受けるか、観察をしてみてはどうでしょう。優秀な部下の指示の受け方は勉強になりますよ。

細谷「部下の指示の受け方とは？」

　優秀な部下の指示の受け方とは、いかにも忙しい素振りをしながら、実際に指示を受けると期待レベル以上で応えてくれる部下の指示の受け方です。このような部下の方はいませんか。

磯部「あーいます、います。一番信用できるやつです。要領いいですがね」

　逆に失望する部下は、安心して任せていて、いざ結果が期待レベルに達していないばかりか、期限ぎりぎりになってもできなかった部下ですよね。この差は自分の状況を相手に伝えて、かつ自分に緊急の業務を受けるスペースを常に持っているかどうかなんです。だから、優先順位設定ができている人は、先を読んでトラブルが入っても対処できる時間のスペースを確保しているんですね。

細谷「あ、先生、珈琲入れてきましょうか？」

あー、ありがとうございます。じゃお言葉に甘えて。ブラックで、すいません。
あ、都築さんもよろしかったらこちらで珈琲飲みませんか？

都築「あ、はい。失礼します。いやー。なかなか、この研修は難しいですね」

難しいですか？　どういうところが難しいですか？

都築「だって、正解がないじゃないですか。今まで私が受けてきた研修などは、理論や学術的な根拠があったので、それに基づいて答えを導いてきましたが、インバスケットには正解がないじゃないですか？　それがどうも私には合わないですな」

うーん、確かに。理論があれば、それに従って考えられますからね。都築さんはあまりインバスケットに興味がなさそうに少し感じたのですが。でも、どうしてこの研修に参加されたんですか？

都築「私は経営コンサルタントとして、現在勉強しているのですが、前職で電機メーカーに勤めていまして、その時にこのインバスケットを昇格試験で受けました。それがきっかけです」

ほー。私と同じですね。で、結果はどうでした？

都築「それがはっきりわからないんです。他のアセスメントツールと組み合わせて総合で合格はしたのですが、何がどのように悪かったのか、良かったのか結果をもらえなかったんです。だから、この5年くらい、ずーっともやもやしていまして……ただ、私自身はどこが秀でているわけでもなく、逆に致命的な欠陥もないような気がしているのですが、あのインバスケットの試験結果から上司に一言だけ言われたんです。君は当事者意識と組織活用力が足りないと……」

そうなんですか？

都築「人を使うのはもともと、得意ではなかったので仕方がないですが、当事者意識がないと言われたのは驚きました。つまり、本日の先生の解説を聞いていると、あまりにも客観的になり過ぎているということでしょうか。私自身はまったく自覚がないのですが」

そのフィードバックを聞いてどうでしたか？

都築「ええ、先生の前で申し上げあるのも何ですが、こんな紙切れの試験で自分の性格や考え方がわかるわけがない、と思いました。一般的に管理者の昇格試験で使われているということですが、本当にこんなものだけで、人の一生を左右する評価をするべきなのかと……」

うん、そうですよね。というより、インバスケットだけで昇進昇格を決める会社はないと思いますよ。あくまで一つのツール……。

都築「いや、先生はわかっていない。大企業では、人事担当は顔も知らない社員の多くを評価し、部署を振り分けています。特に、私のようにリストラの人員整理に遭ったものなどは、少なからず以前受けたインバスケットの結果も加味されているはずです。だから、インバスケットでできないという烙印が押されると、その人間の人生は大きく変わるんです」

……。

都築「先生はこんな現実的じゃないテストで人を良い悪いと評価することに対してどのように思われますか？　評価者として」

人を評価するということは正直怖いですね。ただ、私はインバスケットで人を良い悪いという風に点数をつけたことはありません。インバスケットはその方を映し出す鏡と思っています。

都築「鏡とはどういうことですか。もっと具体的にお願いできませんか？」

インバスケットは、その方の行動特性を観察するツールです。だから私たちが企業様からご依頼を受けてお出しするレポートには、受験者の方の行動特性や能力の発揮度を記載します。決してその方の点数が良い、悪いはお出ししません。

都築「でも、少なくとも、その結果は受験者にフィードバックするべきじゃないですか。私はそうしてほしかった」

私も都築さんと同じ気持ちです。ぜひ、ご本人に結果をフィードバックしてあげて、課題を解決する方法を上司の方と一緒に考えていただきたいです。

都築「それがないから、インバスケットは現実的でない試験で、私のような人間がインバスケットというものに不信感を持っているんです」

細谷「先生、珈琲冷めそうですが」

あ、もうこんな時間ですね。じゃ、そろそろ私は午後の準備に入りますね。

Section
3

問題を分析する力

良い判断をするための
材料は確保できていますか

— The Lectures of In-Basket —

12:30 ~13:15
(前半)

リーダーの取るべき情報処理とは

では、午後の部を始めたいと思います。よろしくお願いします。
この時間は問題分析力の中の「情報処理能力」についてお話をしていきます。
そもそもなぜ情報を処理する能力がリーダーには必要なのでしょうか。
磯部さん、どうですか？

磯部「えーと重要な情報を扱う立場だからでしょうか？」

細谷さんはどう思われますか？

細谷「結局は、情報量が判断の良し悪しを決めるからです」

はい、磯部さんも細谷さんも情報の重要性は認識しておられるようですが、リーダーにとっての情報を処理する能力というところまでには至っていないようです。

現代社会では私たちを取り巻く情報量は私たちが消費可能とされる情報量のなんと2万倍といわれています。2万倍の情報に囲まれている私たちは、情報を収集する力よりも情報を識別することを求められているわけです。

つまり、闇雲に情報通として情報を持つのではなく、本当に必要で使える情報を識別する力、そしてその情報を活用することができる力が必要なのです。特にリーダーにはいろんな方向からさまざまな情報が日々入ってきています。リーダーの立場は大きな情報の交差点の真ん中で交通整理をしている立場に似ています。

自分が持っている情報は、部下にすぐに共有する上司の方が多いのですが、ただ、情報のパイプになっているだけでは情報処理能力は十分とは言えません。部下に必要な情報をそのタイミングで流すことができる、つまり情報量を調整する弁の役割もあるのです。

この情報処理能力に自信がない方は、とにかく手に入った情報を他人に共有することばかりに力をいれます。しかし、使わない情報を飛ばされた部下などは、その確認に時間を要します。つまり、組織全体の生産性が悪くなることをリーダーが行っているのです。

少し質問したいと思います。さまざまな情報メールがあなたのもとに100通来ているとします。あなたはいくつ自分で止めることができますか？　また磯部さん。

磯部「えーと、こちらではその情報が部下に必要かわからないので、とりあえず転送しますね。というか8割くらいは転送しているんじゃないですかね」

都築「一般的には情報漏れがあるとまずいので、とりあえずすべての情報を共有するべきですね」

そうですか。しかし、考えてみましょう。その使われる可能性が少ないメールを受け取った方は、どう対処するでしょうか？

磯部「うーん、私と同じ行動をとりますかね」

沢田「私の上司も、私と全く関係ないメールなども転送してきますね。一度抗議し

不要情報の共有が組織の生産性を下げる

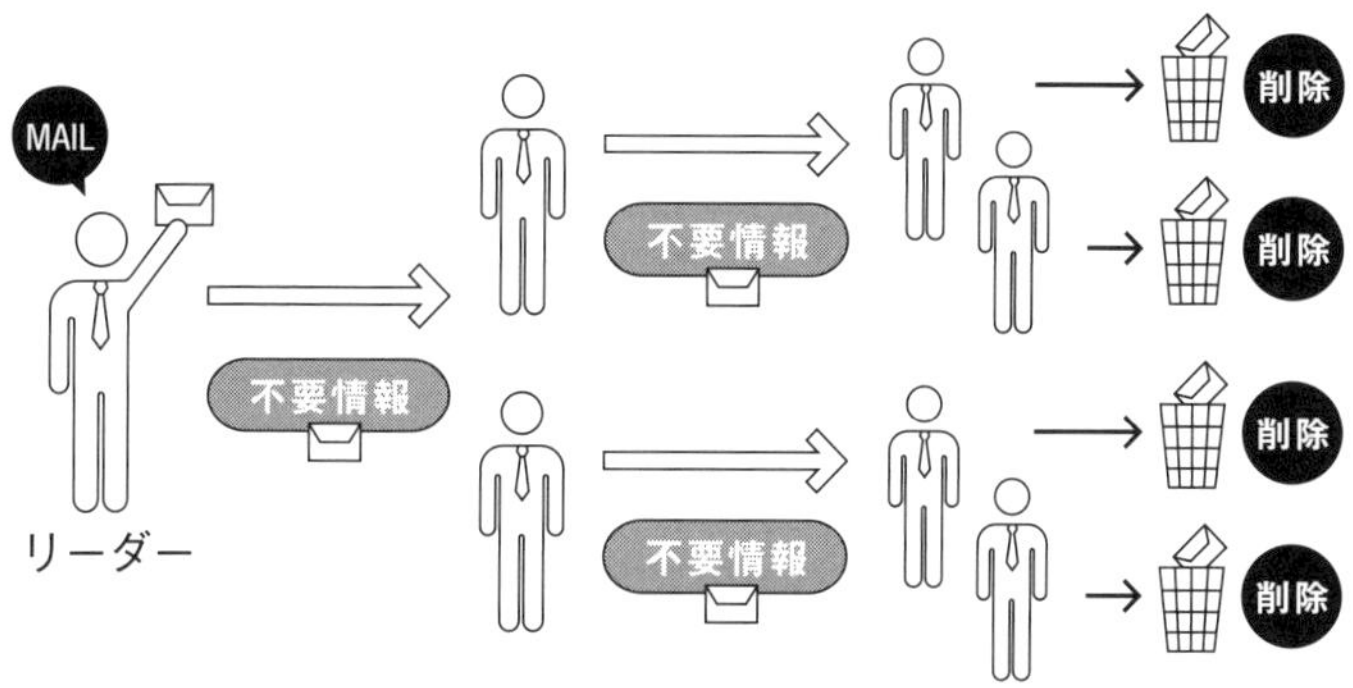

たら、いつ何時いるかもしれないから、とりあえず転送したって……上司のところで情報をコントロールしたらかなり助かるのですが、だからこのごろは課長からの転送メールの多くはゴミ箱行きですよ」

そうですね。そのような使われない情報メールが、次から次へと企業内のあらゆる組織に氾濫し、結果的に組織全体の生産性を下げているのです。

だからこそ、いま求められているのは、情報を選別する力です。インバスケットの案件処理でも、情報を手当たり次第に「情報共有」という名のもとでばらまくよりも、適所にどのようなタイミングで情報を渡すことができるかを観察します。情報を取捨選択する力が必要なんですね。情報を取捨選択するに当たり、まずどのような情報かを把握することが重要となります。

皆さんが今まで失敗した経験を思い出してください。きっと、何らかの情報を元にした判断が原因となっていることが多かったのではないでしょうか。つまり判断の材料とした情報が誤っていれば、必然的に誤った結果を招くのです。

たとえば料理を作るとして、調理方法は正しくても、使っている材料が誤っていたり、傷んでいたりすると美味しい料理ができませんよね。判断も同じで、判断方法が合っていても、使う情報が誤っていれば良い判断はできません。

では、なぜ誤った情報を使って判断をしてしまったのでしょうか。

その多くの場合、「事実」と「誰かの主観が入った〝事実〟」の識別ができていないのが原因なのです。主観は時には重要なのですが、人にはさまざまな価値観や思考法があり、同じ事実でも通される人のフィルターによってさまざまな歪曲した情報になってしまいます。

では、少しワークを行ってみましょう。

Work

あなたの会社は、ある企業との業務提携を検討しており、Aという会社が有力候補となり、急浮上してきました。そこであなたは「Aという会社はどんな会社か調べてくれ」と部下に指示を出したところ、二人の部下が集めた情報を元にレポートを上げてきました。

一人の部下は「資本金3億円で、社員が50名、過去5年増収増益の会社です」と、もう一人は「業界では確かに急成長している会社ですが、この業界は現在急激に市場が縮小しているので将来性があやしいと思います」と報告してきました。

あなたは今すぐに判断しなければならないとして、どちらの情報を判断材料にしますか。またその判断材料とした根拠も考えてください。

はい、いかがでしょうか？

富岡さんはいかがですか？

富岡「あのー、二人の情報を組み合わせるというのは駄目なんでしょうか？」

あー、そっか、そうですね、組み合わせるか。その手もありますよね。じゃ、組み合わせると、どういう情報になりましたか？

富岡「あのー、過去5年増収増益しているけど、将来性があやしいということですよね。で、あやしいので提携は見送りということで」

はい、では都築さんはいかがでしょうか。

都築「他の方の意見はわかりませんが、私は両名の情報は参考にしません。自分自身で確固たる情報を集めます」

なるほど。ご自身で情報を集める。では、なぜ参考にできないのですか？

都築「それは、業務提携という大きな判断なのに、ネットで取れそうな情報だけを信用していると大変なことになると一般的には考えられるでしょう」

はい、ありがとうございます。今お二人からお伺いしましたが、皆さんはいかがだったでしょうか。どちらの情報を信じるかで判断の結果、つまり結果そのものが大きく変わるのです。

そして確固たる情報をつかんでから判断をする、ということは正しい決断です。しかし、時にはあまりに確固たる情報を追い求めるがゆえに、判断のタイミングを逃してしまい、情報が不足している状況では判断を下せないこともあります。

リーダーが判断をするに当たり、情報は重要とはわかっているものの、油断すると情報の波に飲まれて判断ができなくなります。

逆に言い換えれば、情報が十分揃わない前提で判断をする必要もあるのです。その中でどの情報を信じるか、ということをお伺いしたかったんですね。

どんな情報が判断に必要なのか、仮説を持って情報の量ではなく、情報の質を求めてください。

ではどのような情報を頼りに判断するのが良いのか、インバスケット的には定量情報と呼ばれる、数値化された情報を頼りにしたいですね。このケースでいうと、前者の部下の情報です。

では後者の部下の情報はどうなのか、これは彼の主観が入っており、提案としては受け止めてもいいのですが、全面的に信用して大きな判断を下すのは間違いです。つまり、後者の部下の情報の部分で「この業界は現在急激に市場が縮小している」という部分が定性的なので、数字で情報を求める行動がリーダーには求められます。定性情報を定量情報に変換するには「市場が縮小しているのは5年前から何割縮小しているのか」などの指示が必要なのです。

では、次に情報を集める前に、必要なプロセスについて考えて行きましょう。それは仮説というプロセスです。

仮説を立てるということ

これもワークで考えてみましょう。

Work

あなたはビジネスホテルチェーンの事業管理部長です。

あなたの受け持ち区域の東海地方の業績が急激に悪化しています。その他の地域は好調で前年をクリアしているのに、あなたの地区は前年を80％で推移しています。

以下が受け持ち区域の店舗の情報です。

	売上	前年対比
A店	８０００万円	78％
B店	９０００万円	77％
C店	８５００万円	85％

では、どんな情報が必要かを部下に指示してください。

はい、時間です。では磯部さんはどのような情報を部下に求めましたか？

磯部「えーと、各店の支配人に、どうして悪くなったのかを詳細に報告させます」

細谷さんはいかがですか。

細谷「結局、売上は客数か単価か、なので、客数と単価の推移を報告させます」

はい。

富岡「ちょっと待ってください。他のエリアは好調ということは、個々のホテルの問題ではないのではなかったりしませんか。たとえば地域で何か大きな行事が昨年はあって、今年はないとか。競合店がオープンして3店舗に影響を及ぼしたとか、あり得ませんか」

なるほど、素晴らしい仮説力ですね。今富岡さんがおっしゃっていただいたのが仮説力です。もちろん他の方の情報収集も必要ですが、根拠を持った仮説を立てることができるかで、集める情報の質も情報収集の早さも異なってきます。

このような早急な判断を求められる場合は、自らある情報から分析し、仮説を立ててそれを立証するという情報収集を行うべきなのです。富岡さんは仮説を立てる力がありますね。素晴らしいです。

富岡「ありがとうございます。でも、確かに私は推理小説が好きなので、仮説とか推測とかは頭に浮かぶんですが、実際の仕事では、そんな仮説本当に合っているの？　とか思って、結局仮説で終わってしまうんです。そしていつも、あーあ、あの時きちんと調べておけばと思うことが何回もあって……」

仮説は立てるけど、情報を集める前に、仮説を崩してしまうということですよね。これは富岡さん特有のものではないです。

多くの場合、これが原因なのでは？　と浮かぶのですが、放っておいて、やはりそれが原因だったということないですか。

この問題分析力が発揮できない大きな原因の一つに、仮説に基づいた情報収集に進まない、という原因があります。

問題分析力の大きなポイントに「仮説を立てる」「仮説を立証する情報収集を行う」の二つがあることをこのセクションでは確認をしておいてください。

富岡「ちょっと待ってください。でも仮説さえ立てることができない状況もあると思いますが、こんな時はどうしたらいいんですか。闇雲に推論ばかり立てても、ポイントがずれてくるようなことになりませんか」

ええ、その通りですね。そのような時は、見えない情報、午前中にお話しした見えない問題に似ていますが、見えない情報を集める行動を取ってはどうでしょうか。

磯部「えーと、見えない情報って何ですか？　また見えないですが……」

見えない情報とは、潜在情報といい、自分で見つけ出す情報を言います。このケースでしたらお客様にアンケートを取るとか、自分で実際に泊まってみるとか、タクシーの運転手さんに聞くなどの、自分から取りに行く情報のことです。

先ほど都築さんが「自分自身で確固たる情報を集める」とおっしゃられたと思いますが、これもまだ、表に出ていない情報を集めるという見えない情報を集める行動ですね。

原因を究明する

今、お話ししてきたのは、情報の種類と集める方法についてですが、まだ大事なことがあります。情報から原因を特定する力です。さまざまな情報を集めても、情報は集まるけど結局は原因がわからないということがありませんか？

磯部「えーと、そうですね。大量の報告書などは出てきますが、確認しているだけで時間が過ぎるといった感じですかね」

都築「私は分析を得意としていますが、大事なのは情報が多すぎると核心がわかりにくくなる可能性を知ることです」

ええ、そうですね。闇雲に情報を集めると情報の波にのまれて、情報を分析することが目的となってしまうことがよくあります。ですので、何を目的に情報を集めるのかを明確にして、情報の量ではなく、深さを追究していってください。

では、細谷さん、先ほどのホテル、東海地方だけが売上が悪いとして、原因の究明のための情報を部下に収集させるとしたらどのような情報ですか？

細谷「売上が悪いということは、競合相手に負けています。ビジネスホテルは価格で選ばれるので、他社の価格とサービス、それから開店率などを調べます」

なかなか鋭い仮説力ですが、どうして競合相手に負けていると言い切れるのでしょうか。

細谷「推測です。でも、他にどのような考え方があるのでしょうか」

はい。問題分析で重要なのは、論理的に分析をしていくことです。ヌケモレのある問題分析は、効率的でない上に時に重大な判断ミスをもたらします。

よくあるリーダーの判断の失敗には、思い込みや先入観があります。信じられないかもしれませんが、製品のクレームが出ても、自社の製品にそんなクレームが出るはずがないとして、顧客の使用方法に問題があるとして対応が遅れたり、製品を回収したりしなくても被害は限定的だろうとして、判断を誤り、企業経営に致命的なダメージを与えた例はたくさんあります。

原因究明も、論理的に原因を追究しなければ、闇雲に情報ばかり集めることになり、結果的に原因がわからないことになりかねないですよね。リーダーの判断に必要な原因究明が、そのようなヌケモレのある原因究明では困ります。ですので、問題分析に必要なことは、現実を見て、ヌケモレのない原因究明をすることです。

沢田「先生。ヌケモレない原因究明とは当たり前……」

すいません。つい理論ばかりお話ししていましたね。では、具体的にお話ししていきましょう。

たとえば売上という数値を分析する場合に、顧客数が減っていると仮説して原因究明するとします。この軸だけで原因究明をすると、顧客数は増えているとわかれば、これが原因ではないとわかり、原因究明はストップします。でも、売上を作る

ヌケとモレのない原因究明

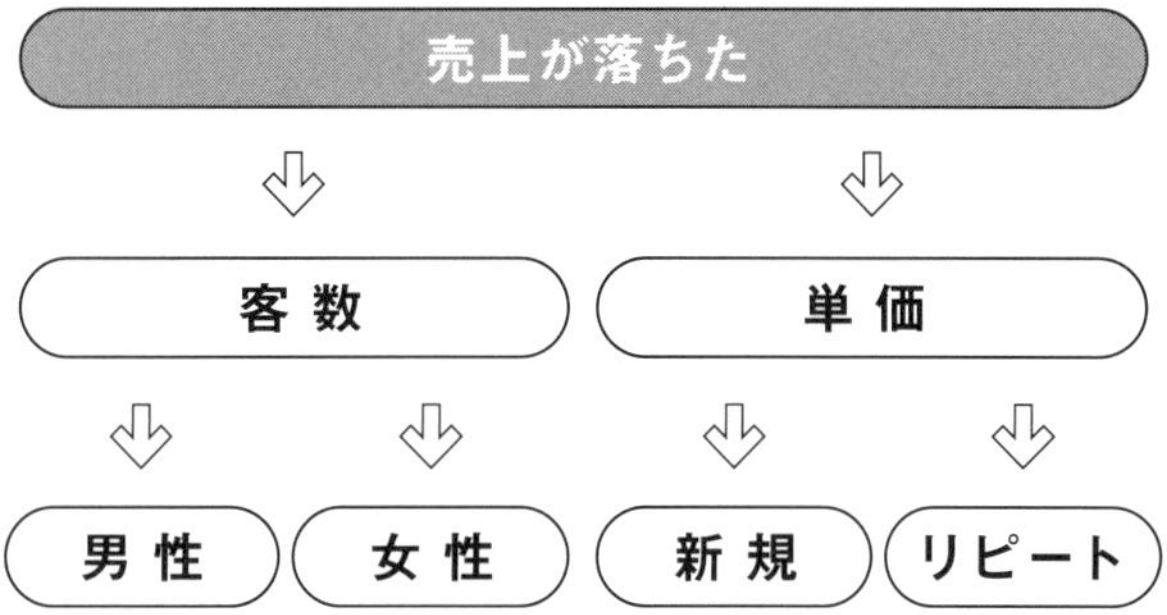

要素は他に、たとえば単価という軸もあります。顧客数が増えていても、単価が落ちていれば売上が下がります。

ですので、売上が落ちているという現象を分析する場合は、客数と単価の二つの軸を調べる必要があります。このように調べると、原因の特定に行きつきます。たとえば客数が落ちているとして、どのような軸で調べるといいのでしょうか？

富岡「あのー、ビジネスホテルは男性客が多いので、男性客に満足度のアンケートを取るとか、あと、法人客の動向を調べられるんじゃないですか」

都築「自分が考えるのは、年代別、性別、

それから新規顧客とリピート客などの軸でまずは調べるのがいいと思います」

そうですね。今、都築さんの言われた分析ですとヌケモレが少ないですね。富岡さんのおっしゃったところも鋭い観察力なのですが、分析という観点でいうとヌケモレがあります。どこにヌケモレがあったかわかりますか。富岡さん。

富岡「ちょっと待ってください。ヌケモレ……これよく上司から言われるんですよね。うーんと、ひょっとして男性客に限定して調べていることですか？」

その通り。原因究明の段階で男性だけとか30代という風に絞り込むと、その時点でヌケモレがあります。

富岡「それって、たとえば可能性が少ない部分も調べるということですか？」

可能性が少ししかない、しかしその少しの可能性が原因だとしたら、判断に間違

情報の深掘りで真実が見える

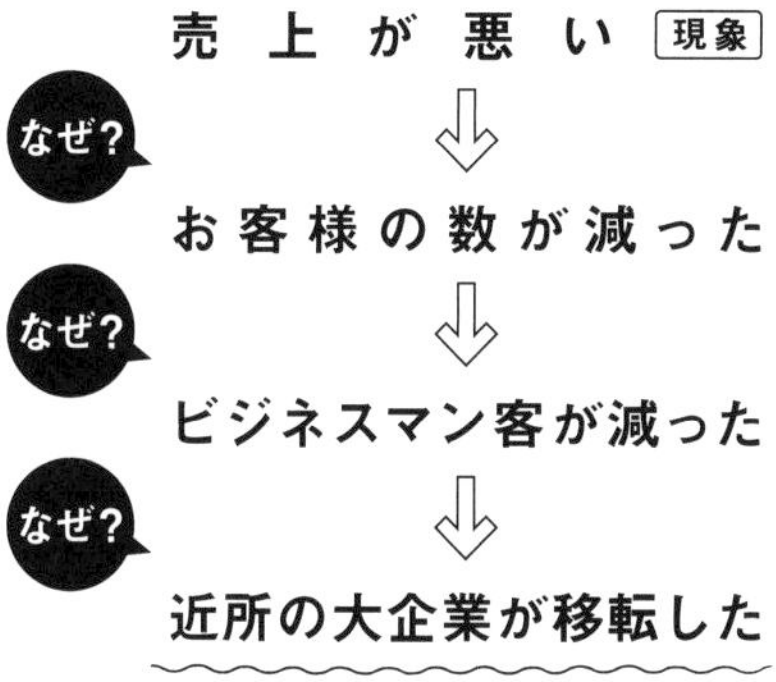
売上が悪い
現象
なぜ?
お客様の数が減った
なぜ?
ビジネスマン客が減った
なぜ?
近所の大企業が移転した

いが出ますよね。だから、原因を分析する際に現象を見て、ヌケモレのない原因究明が必要なんです。上の図を見てください。

このように、ある情報になぜなのか？という軸で深掘りしていくと、原因に辿りつきます。わかりやすくいうと、現象に対して「なぜ？」を3回繰り返していくと、真の原因に近づきます。その過程で主観を入れると正しく深掘りされないということもあるんですね。

沢田「でも、現実的にそれだけ分析に時間をかけることができません。トラブルや案件が多すぎて……」

そうですね。でも、原因が特定されな

かったら、また同じことが再発します。問題分析は、再発防止のために行うと捉えれば時間をかけても、リーダーはするべきではないでしょうか。

Rest & Questions

富岡「あのー、判断をするための情報を集める際に、私はインターネットをよく使うのですが、ネットでの情報収集って危ないんでしょうか？」

インターネットは、キーワードを入れることでさまざまな情報が現れます。しかし、その現れた情報があなたに本当に必要な情報かどうかは別物です。たとえば讃岐うどんの市場規模を調べたい時に、すぐにあなたのほしい情報が出てくるでしょうか。おそらく、市場を「いちば」と捉え、なかなか情報に行きあたりません。また、その情報の質も注意をする必要があります。

もし、インターネット上の情報を扱う場合には、有料サービスを活用しての情報元の担保や情報の信ぴょう性の確認などをするようにしましょう。

Section
4

意思決定する力

相手に自信を持って自分の意思を
伝えることができますか

— The Lectures of In-Basket —

12:30 ~13:15
（後半）

意思決定と判断は違う

では、意思決定について考えていきます。

早速ですが、この意思決定とはどのようなことでしょうか？　細谷さん。

細谷「結局は自分で決定するということじゃないですか」

そうですね。ただし、インバスケットでは、ただ「決定する」というだけでは不十分です。決めたことを他者に伝えたり、自ら行動したりすることまでを含めましょう。

素晴らしい判断やアイデアを持っていても、自分の中で考えているだけでは具現化しません。案件処理や問題解決でも、いかにプロセス通りの判断ができても、相手に伝えることができなければ、過程が無駄になってしまいますよね。

都築「確かに、最近は職場でも自分の考えを毅然という人間は少ないですからね」

都築さんのおっしゃる通り、素晴らしい考えを持っているはずなのに、誰も意思決定をしようとしない、いや避ける傾向が強いリーダーが増えているのは事実です。それだけ、自分の意思を他者に伝えることは難しいことなんですね。

では、皆さん自身を振り返って、自分の意思を相手に伝えることができなかった状況を客観的に分析したいと思います。

今配布しているシートに、どのような時に、どのようなことを伝えることができなかったのかを書いてみてください。

たとえば会議の時に、違う意見があったのだが言えなかったこと、商談の時、または家庭でもありませんか？

思い浮かぶことをいくつか書いてみましょう。

Work

自分の意思を相手に伝えることができなかった状況を書いてください。

・いつ
・誰に
・どこで
・どのように
・なぜ

いかがでしょうか。書けましたか？

では沢田さん、教えていただける範囲で結構です。いかがでしょうか？

沢田「これです」

・いつ　　　　仕事中
・誰に　　　　上司に
・どこで　　　職場で
・どのように　考えていたり気づいていたりしても言わない
・なぜ　　　　言っても無駄だから

沢田「私の場合は、いつも上司に自分の考えを言えずにいます」

それはどうしてですか？

沢田「伝えても、否定されるからです。それなら言うだけ無駄だなと……」

ありがとうございます。無駄だと思うから伝えないということですね。以前もそのようなことがあったのですか？

沢田「いや、直接言ったことはないのですが、おそらく受け入れられないのでは……というか、あまり伝える気もありませんね」

そうですか。磯部さんはどうでしょうか。あ、このシートですね。

・いつ　　　会議中
・誰に　　　参加メンバーに
・どこで　　会議室で
・どのように　会議の議題についておおよそまとまりそうになっているが、なぜかしっくりこない。それよりいいアイデアがある。
・なぜ　　　言わないほうが無難だから

磯部「えーと、私はたぶん自分の考えは合っているとは思うんだけど、もし、間違っていたら〝お前が言ったことだろ！〟と責任を取らされそうなので、それなら言わないほうがいいだろうし、他の方が自分と同じことを言わないか待っていることが多いですね」

うんうん、よくわかります。責任を取らされるかもしれないから言わないんですね。ありがとうございます。

誰しも、自分の判断したことを、自分の心に押し込めて相手に伝えないことはあると思います。

判断することも大変なのですが、もっと重要なのは判断した自分の意思を相手に勇気を持って伝えることなのです。

意思を伝えることのむずかしさ

では、もっと深く考えていきます。なぜ、相手に自分の意思を伝えることができないのでしょうか？　いや、質問を変えましょう。相手に自分の意思を伝えるにあたって阻害している要因とは何でしょうか？

細谷「責任を取らされるなどのリスクだと思います。結局は」

都築「そうですね、一般的には自分の言ったことは責任を取らない傾向がありますよね。つまらないことを言ってしまうと足元をすくわれますよ」

そうですね。相手に意思を伝えられないのは、責任を取らなければならないなどのリスクを感じる。つまり怖いということです。

もし、否定されたらどうしよう、自分の判断が間違っていたらどうしよう、という恐怖が相手に意思を伝えることを阻害しているのですね。

細谷「でも結局はそこじゃないですか？　誰だってリスクのある判断は避けたいです。つまり、サラリーマンだから減点を避けることが賢い選択だからです」

ふむ、細谷さんの考え方はわかりました。では逆に伺います。リスクのない意思決定とはどのような意思決定ですか？

細谷「リスクのない意思決定とは、間違いないという確証があって多くの人も同じ判断をするだろうという意思決定です。結局は」

磯部「えーと、そうですね。間違いのない判断ならリスクがありませんねえ」

なるほど、リスクのない意思決定とは間違いの可能性の少ない意思決定なのですね。しかし、そのような意思決定であれば、別にリーダーがする必要はないんじゃないですか？　誰でもできる意思決定ということですから。皆さんが、目指しているリーダーとは何を意思決定するために存在するのでしょうか？

細谷「何のため？　リーダーという立場に任命されたからです」

少し厳しい言い方かもしれませんが、それはリーダーのふりをしたメンバーです。リスクのある決断や判断こそリーダーの仕事であり、それを避けるのであれば、リーダーと名乗るべきではありません。細谷さん、いかがですか？

細谷「そうですよね。本来リーダーは、部下が意思決定できないことを、決定するためにいるのですよね。すみません。やらされ感がありましたね。考え直してみます」

ええ、リーダーの意思決定にはリスクがつきものです。だからこそ、リーダーにはより質の高い意思決定ができる能力が必要なのです。もし、リスクがある意思決定をしたくないのなら、リーダーになろうという気持ちを早めに捨てるべきです。

意思決定のリスク

よく、〝上はいいよなぁ。机に座って判断だけをしていればいいのだから〟というセリフを聞きますが、これは間違った見識だと思います。

リーダーの判断には、リスクが常に生じていますので、大きな労力を要するからです。

細谷「先ほどの延長で申し訳ないですが、まだどうもしっくりこないところがありまして。リーダーはリスクがあってもともかく、なんでも意思決定をすればよいということですよね。しかし、結局は誤った判断をすることになるんじゃないですか。それはまずいんじゃないですか」

細谷さんがおっしゃるように、それはまずいですよね。だからリスクを恐れない一方で、逆にリスクを意識することも大事です。わかっているリスクなら減らす方法も考えなければなりません。

都築「一般的にリスクを減らすとは、リスクヘッジのことでしょうか。リーダーにとってリスクを減らすって、どんな理論があるのでしょうか」

そうですね。都築さんは株や投資信託などはされたことはありますか？

都築「個人情報ですので、あまり言えませんが。ありますよ。いい思いはしたことはないですが」

はは……嫌なことを例に出してしまいましたね。
でも、おそらく購入される時は損失が出るリスクは考えていましたよね？
なにかその時に手を打たれませんでしたか？

都築「まあ、下がることもあるだろうと思って、いくつかの商品に分散して投資しましたね。まさか、すべて下がるとは思いませんでしたが……」

そうですね。分散投資することで、想定の範囲内のリスクを軽減する行動をとられたんですよね。

企業経営でも、大きな取引を開始する時に、すぐに開始せず、信用調査や実績管理、まずは少額の取引から開始するなどの、補足的な意思決定を行います。

これが、想定されるリスクを減らしながら意思決定をするということです。

それと先ほどの細谷さんのご質問の中にもう一つ気になるキーワードがありました。

「なんでもすぐに意思決定をしなければならないのか？」

ということですが、良いご質問なので少し補足説明をいたしましょう。

12 リーダーの意思決定方法

リーダーが意思決定する際に「タイミング」というポイントがあります。これは意思決定を今すぐにしなければならないのか、それとも後でもよいのかという意思決定のタイミングを見極めることです。

まだ十分に考慮する時間がある意思決定を、不十分な情報の中で意思決定することは避けなければなりませんし、逆に、今すぐに意思決定をするべきなのに意思決定をしないことはあってはなりません。

だから、まず判断しなければならないのは、今すぐに自分が意思決定をしなければならないのかどうかという意思決定なのです。

時にリーダーは周りからの重圧に負けて、今すぐに意思決定をしなければならない、と勘違いしてしまうことがあるんです。どんな時にも、今判断するべきかどうか、ということをまず先に考えることです。

磯部「えーと、なんとなくリーダーとして意思決定が大事なことはわかりましたが、自分の考えや判断に自信がないのは、どうしたらいいのでしょう」

磯部さんはなぜ、ご自分の意思決定に自信がないと思いますか？

磯部「うーん、いやあ、なんとなく自信がないんです」

自信がないということは、その意思決定は自分も納得していないから自信がないのではないでしょうか。

とりあえずの意思決定や根拠のない意思決定は、相手を説得できないから自信が生まれてこないのです。

だからこそ、このインバスケット思考で正しいプロセスの意思決定を習慣づけていくと、自分自身にも納得のいく意思決定ができますし、自分が納得すれば相手にも説得力を与えることができるようになるんです。

沢田「うちの上司は、よく言っていることが変わるんですが、これも意思決定力が足らないということですよね」

言っていることの中身にもよりますが、意思決定には軸は必要です。その場限りの意思決定を連続させているようでは、意思決定の方向がその時によって異なります。

意思決定の軸とは、判断のよりどころとなる要素で、会社の方針や理念、チームのビジョンやその人自身が大切にしている価値観などです。

その時の情報や状況でインバスケット的な意思決定をしたとしても、どこかに違和感があるのであれば、多くはそのよりどころと相反する意思決定であることが多いのです。

たとえば、少し傷があるが十分使える商品があるとします。これをほしがる顧客に対してあなたは販売をしようと意思決定をしました。十分に使えることも確認しましたし、顧客も納得して、自社にも利益が出ます。きちんとプロセスを踏んだ意思決定です。

しかし、自社の企業方針で、それらの行為を否定しているのであれば、これは企

戦略的意思決定の軸がぶれないことが大事

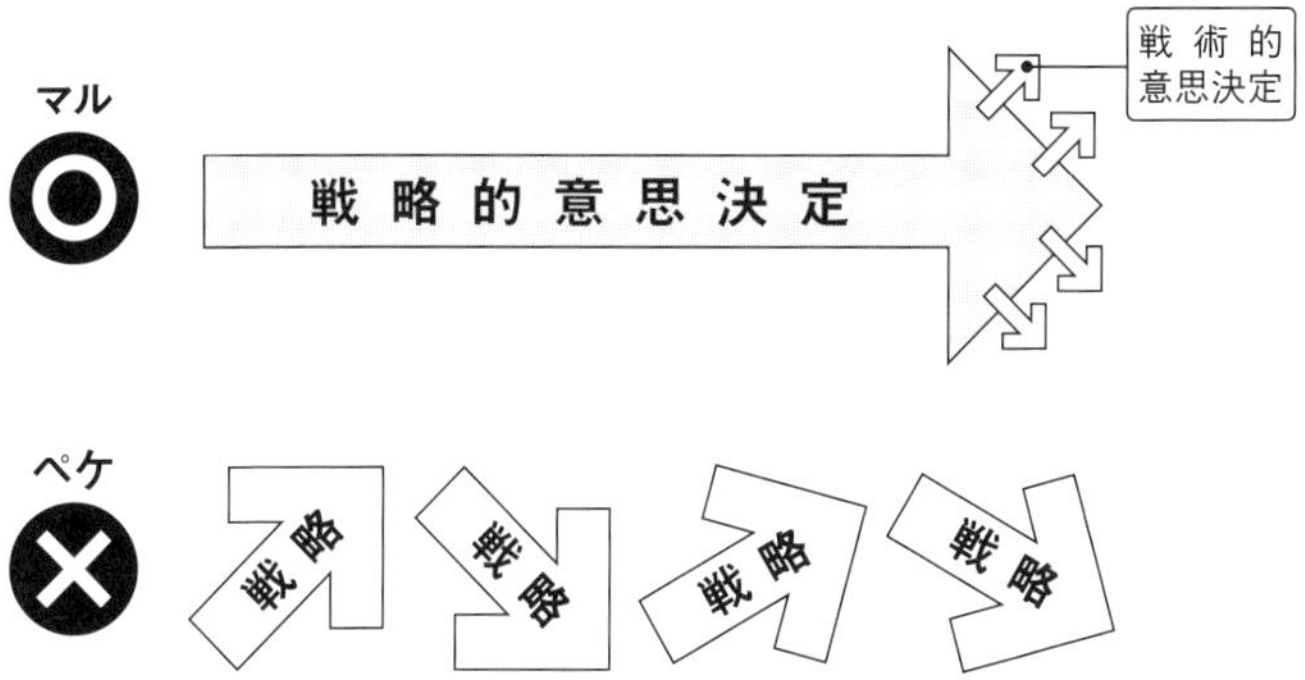

業としての意思決定の軸がぶれるので良くない意思決定になります。

逆に軸が通っていれば、戦略的意思決定であるので、その手法に伴う意思決定が変わっても問題ありません。

戦略的な意思決定か戦術的な意思決定かを見極めないと、その方の意思決定に筋が通っているかどうかはわかりません。

これは後ほど学ぶ、戦略と戦術の違いなのです。

戦略がころころ変わると困りますが、戦術は戦略目標を達成させるべきものですから、逆に柔軟に変える必要があります。

Rest & Questions

磯部「先ほどの意思決定の件で聞きたいのですが、部下から仕事上の提案などがよく上がってきて、それ自体は喜ばしいのですが、あまり効果がないようなものがあった時に、断るということができません。本来は根拠だててNOと言うべきでしょうが、部下のモチベーションを考えるとなかなか言えません。どうしたらいいでしょうか」

うーん、NOと言うと部下がやる気を失いますから難しいですね。意思決定にはYES・NOだけしかないのではありません。保留や延期、一任などのさまざまな意思決定の箱があります。

今回のケースのような時は「条件つき承認」を使うとよいでしょう。これは一定の条件をクリアできれば承認するという意志決定で、今の段階では承認できない時に使います。一方で、断りたい時も、この条件を厳しくすることで実質の「NO」になり、当たりがソフトな意思決定の魔法の言葉です。

生産性を上げる力

与えられた資源でどれだけ成果を上げることができますか

— The Lectures of In-Basket —

13:15~14:30
（前半）

13 まず上げるのは自分の生産性

自らのチームの生産性を高めるのはリーダーの重要な責務の一つです。チーム全員が最大限の力を発揮するのが望ましいのですが、現実はそんなに簡単には行きませんよね。

たとえば、皆さんのチームに10名のメンバーがいたとします。リーダーはその10名の能力を最大限に出し切り、成果を残すことが求められているのですが、実際には最大限の力を出し切っているのは全体の2割くらいだと思います。

沢田さん、いかがですか？

沢田「私の部署は7名ですが、本当に必死で成果を出しているのは私ともう一人くらいです。後はそれなりに仕事をしているか、他人事のように仕事をしています。最大限に力を出し切っているとは思えませんね」

そうですね。リーダーがメンバーの特性を押さえながら、かつどのように効果的、効率的に組織を運用するかによって、成果も異なりますよね。でも、現実に目を向けてみてください。現職のリーダーは、部下の力を最大限出し切っていますか？

細谷「結局はリーダーとしての仕事をしているかということですよね。今やリーダーといえども数多くの業務を抱え、自分の仕事で精一杯です。そんな状況でメンバーの特性まで押さえて生産性を高めるなんて夢のような状態です」

そうですね。リーダーが自分の仕事で精一杯であるのに、部下の能力を最大限に引き出す作業計画を組んだり、生産性を上げて業務を進めたりするにはどうすればいいか、というアイデアを出す余裕などないですね。

細谷「リーダーに仕事を与える企業が悪いということですか？」

いえ、私はそのようには考えていません。これからもリーダーにはプレイングマネジャーとしての機能をもっと求められるでしょう。だからこそ、まず必要なのは、リーダー自身の作業の効率化です。

リーダーであろうとメンバーであろうと、持っている時間という資源には限りがあります。先に優先順位設定で、ご自身の作業の棚卸をしていただきましたが、その中で、リーダーとしてしなければならない仕事とそうでない仕事の区分けがついたはずですよね。これは仕事の取捨選択としていいのですが、一方でご自身の作業の生産性を図ることも重要です。

この写真をご覧ください。これはインバスケット問題集を受けていただいた時に、受験者の後ろからこっそりと机の上を撮影したものです。

どうですか、他の方の机の上を見てみて、磯部さん。

磯部「私も同じような机の上になっていたと思います。こう見ると何が何だかわからない状態ですね。それに引き換え他の方の机の上は整然としている」

そうですね。まず優先するのはご自身の仕事の効率化です。

どうすればもっと早く、安全に、楽に仕事を進めることができるのか？

ご自身の仕事に無理やムラや無駄はないのか、ぜひ一度見直してください。チー

チームの生産性を上げる前に自分の机を見てみる

優先するのは自分の仕事の効率化

ムの生産性を上げるには、リーダーの生産性を上げることから始めましょう。

富岡「ちょっと待ってください、自分の作業の効率化も大事だと思いますが、もっと大事なのはチームの作業の効率化だと思いませんか」

どっちが先かということなんです。チームの作業の効率化を図るためには現状を把握し、あるべき姿を設定し、アイデアを練らなければなりません。

しかし、現状ではそのような時間がないでしょう。だからまず、効率化を考えるためには本来リーダーがするべき仕事をする時間を作るのが先決なのです。

リーダーは忙しい仕事です。計画は立てにくいですし、会議などで拘束される時間も多い、調整や根回し、そして突発的なトラブルなども起こるでしょう。だからこそ、メンバー以上にリーダーの業務の効率化が求められます。つまり、チームの中で一番生産性を上げるべきなのは、リーダー自身の仕事の進め方なのです。

少し話が効率化という方面にばかり傾斜していますので、本題の生産性を上げるためにはどうするべきなのかというお話に戻したいと思います。

効果的と効率的

14

では、仕事の生産性を上げるために効果的、効率的にするには、どのように改善するべきでしょうか？　磯部さん。

磯部「えーと、コストをかけないということでしょうか……いや、成果を上げることですかね。よくわからないですね」

はい、ありがとうございます。もう一人、都築さんはどうですか？

都築「定義は知りませんが、一般的には限られた資源の中で最大のアウトプットを出すことではないでしょうか」

効果的と効率的の違い

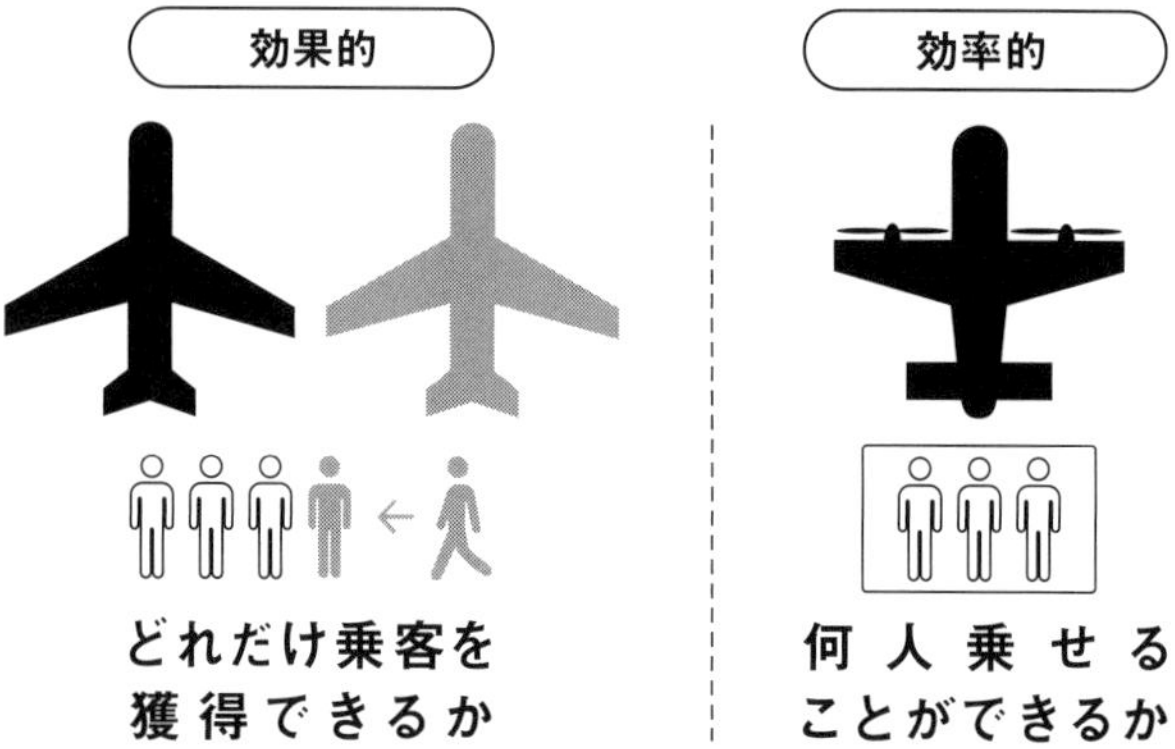

そうですね。実は効果的と効率的は目指すべきものは一緒です、今、都築さんがおっしゃったように限られた資源、たとえば資金や時間、労力でどれだけ成果を出すことができるかということです。ただし、この二つの言葉は、目指すべきものは一緒でも辿りつくプロセスは少し異なります。

効果的とは最大限の成果を出すために、どれだけの資源が必要かという考え方です。つまり成果をできるだけ大きくするといった発想です。

効率的とは、現状の成果に対して投入した資源の比率をできるだけ少なくしようとするのです。つまり、資源の投資をできるだけ抑えるという発想です。

この二つの違いをよく理解しておかないと、結果的に目指す生産性の改善に結びつかないのです。では、皆さんが直近で実施した効率的な改善と効果的な行動事例を挙げてみてください。

Work

・効果的な行動

・効率的な行動

発表を、都築さんお願いできますか？

都築「え。今の状態が自分ではかなり生産性が高いので、あまり思いつきません」

そうですか、では富岡さん、いかがでしょうか？

富岡「はいっ。考えていたら混同してきちゃったんですね。職場でお昼のお弁当は、今まで自分の部署だけでまとめて、二人で買いに行っていたんですけど、隣の部署とまとめて注文したら、配達をしてくれるようになって助かりました」

あー、他の部署とまとめると数が揃ったので、配達をしてくれるようになったんですね。すこし楽になりましたね。

富岡「ええ。で、おまけに食後のデザートまでサービスしてくれたんですよ」

ほう、それは得ですね。で、今の行動は効果的、効率的、どちらでしょうか？

富岡「ちょっと待ってください。えーと効果的は最大限の結果を出すために……効率的には資源の投資を抑えて……あーあ、やっぱりどちらかわかりません」

ははは、すいません。定義の説明が少しわかりにくかったですね。

今回、富岡さんの取られた行動は、どちらもあてはまりますよ。

まず、会社内で捉えると、二人が今までお弁当を買い出しに行っていたという労力がかかっていますよね。それをまとめるという行動で、二人が買い出しに行く必要がなくなった。これが効率的な行動です。さらに、まとめて買うことで、おまけがついてきた。これは効果的な行動です。

富岡「あー、そういう風に考えるんですね。なるほどー」

じゃ、さらに効果的にするには、どう行動を発展させるといいでしょう。

富岡「えー、ちょっと待ってください。より成果を上げるには、ひょっとしてもっと買う数をまとめると、もっとおまけがついてくるとか……」

そうです。それが効果的な行動なんです。

細谷「要は、使うというか、資源はこれ以上使わないで成果をキープしようとする考え方が効率的な行動で、より成果を出すためにどのように投資をしたらよいかとする考え方が効果的な行動ということですか？」

大枠ではそのように考えてください。で、二つの違いがわかったところで、皆さんに考えていただきたいことがあります。この効果的な行動と効率的な行動では、リーダーはどちらを重点的に考えればいいでしょうか。

Work

効果的な行動と効率的な行動はどちらをリーダーは行うべきか？

磯部さんどうでしょうか？

磯部「えーと、先生、難しい質問ばかり私に当てていませんか？　えっと、今の時代は効率化を求めるべきじゃないでしょうか」

はは。別に磯部さんをいじめているわけではありませんよ。今の時代とは不景気などの環境を指しておられるんですか？

磯部「ええ、この不景気には守りに徹して、経費削減を進めるのが一番確実です」

なるほど、沢田さんはどう思われますか？

沢田「いや、確かに効率を求めるのも大事かもしれませんが、効率ばかりを求めると縮小傾向になり、成果が下がってきて、さらに生産性を上げるために効率化しなければならないですよね。すると、組織はどんどん小さくなるような気がします」

磯部「そうです。私の会社がまさしくそうです！　かなりしぼんできましたよ」

はは、はい、ありがとうございます。みなさんはグーチョキパー理論をご存知でしょうか。企業経営などの戦略立案の方法などで使われる理論です。

グー　＝　絞り込む
パー　＝　広げる
チョキ　＝　不要なものを切り捨てる

このように理解し、リーダーが取るべき生産性の考え方に発展させてみます。

グー　＝　効率化を図る
パー　＝　効率化で浮いた資源をどこに効果的に投資するか考える
チョキ　＝　投資の効果を測定し、効率化を図る

このサイクルになります。つまり、削減した資源を効果的に運用するにはどうするかを考えていくべきなのです。

トラブルに対応する力

火事場で枕を持って逃げないために

— The Lectures of In-Basket —

13:15~14:30
(後半)

とっさの時の行動パターン

15

皆さんのお仕事で突発的なトラブルがよくありますか？

磯部「あはは、いつもトラブルの連続ですよ。トラブル処理係みたいなものですね」

細谷「私も難題が次から次へと起こりますね。なんでも〝店長！　大変です〟って言われますよ。結局はそのためにいるようなものですが……」

そうですよね。リーダーのところには、部下の方が解決できない案件が寄せられますもんね。で、そんな時、皆さんはどのように対処されるのでしょうか？

磯部「私はどんな時でも冷静に判断できるのがとりえです。これは管理職歴15年の火災発生避難してください！

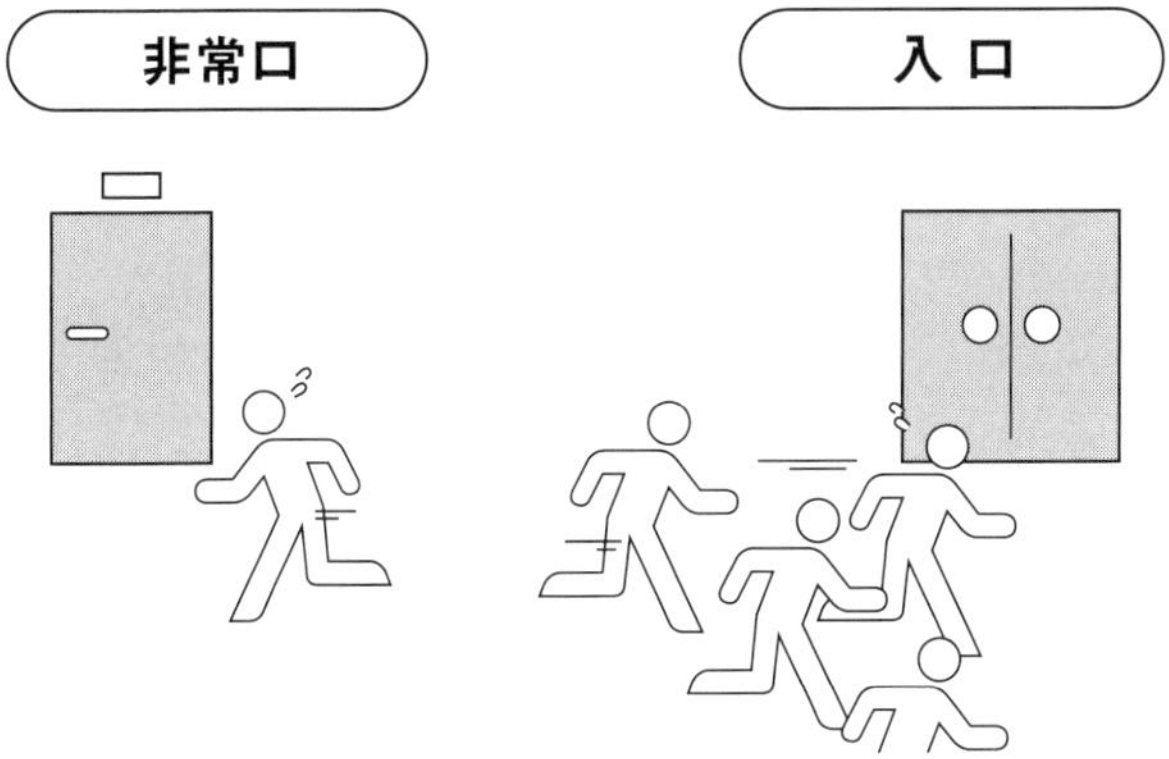

慣れみたいなものですよ」

そうですか。では、実験してみましょう。今この部屋から火災が発生しました。すぐに避難してください。

ハイ急いで！

はい、ストップです。

えーと、全体の8割ぐらいの方が入ってきた出口に逃げましたね。

磯部さんは、どうしてその出口に逃げましたか？

磯部「えーと、いや、入ってきたところだからです。出る時もここでしょう」

では、都築さんはどうしてその非常口に逃げましたか？

都築「この出口が一番近かったからです。それに入ってきた入口はみんな殺到していたし。普通は一番近いところから逃げますよ。そのための非常口ですよ」

そうですよね。これが瞬時の判断です。では、皆さん着席してください。

何か突発的なトラブルが起こると、とにかく何かしなければと思うのですが、何からするべきかわからなくなることはありませんか？

時間に制限がある際に、いつもならしないような判断や行動を取ってしまいますよね。

「なぜあの時あんな行動をしたのだろう」と後悔する結果になってしまったことは皆さんにも経験がありませんか？

細谷「正直、私はこんな突発的に何か起きた時に、頭が真っ白になってしまうんです。先日も停電があり、その際も十分な指示や対応ができなかったんです。後で上司に叱られましたが」

問題発生時にリーダーが取るべき行動

そうですか。でもとっさの判断は難しいですよね。よく笑い話で、火事になった家から逃げ出してきた人が枕を持って逃げ出してきたという話があります。これは何か持ち出さなければと思って掴んだものが枕だったのですが、実際のトラブルでもパニックになることはよくあることです。それはリーダーとて例外ではありません。

発生型の問題で取らなければならない行動は次の四つです。

①緊急的行動

これは異常な事態が発生した時に取る行動で、たとえば上司に報告する、相談するなどの行動です。

②応急的行動

これはとにかく被害の拡大を防ぐために反射的に取る行動です。たとえば気分が悪い人を介抱するなどの行動です。

③原因究明行動

なぜこの事態が起こったのかを探る行動です。天井から水が漏れていると、その上の階に何が起きているのかを見に行く行動です。

④再発防止行動

同じ事態が起こらないように、仕組みや対策を考える行動です。カギを施錠し忘れたら、同じことが起きないようにチェックリストを作るなどの行動です。

では、今からお配りするケースを考えてみましょう。

Work

あなたのもとに、得意先から電話が入りました。本日納品したはずの商品が、注文した商品と違う商品であったので、すぐに対応してほしいとのことでした。

さて、あなたがまず取らなければならない行動はどれでしょうか。

次の四つの行動に当てはめて考えてみましょう。

①緊急的行動……

②応急的行動……

③原因究明行動……

④再発防止行動……

さあ、では発表していただきましょう。
細谷さんからお願いします。緊急的行動は何をしましたか？
細谷「まずはおわびをしなければなりませんよね。そして、上司への連絡ですよね」
はい、それは緊急的行動ですね。いいですよ。
では、応急的行動はどうでしょう。磯部さん。
磯部「えーと、被害を最小限にするのだから、代わりの商品の手配ですよね」
そうですね、それは応急的行動ですよね。
沢田さん、原因究明行動はどうでしょうか。
沢田「うーむ、どうして納品間違いが発生したのかの調査」
そうですね。それが原因究明ですよね。

都築さん、再発防止行動は何でしょうか？

都築「一般的にはチェック体制の強化や、原因究明で判明した原因に対する対策だと思いますが」

素晴らしいです。皆さん、素晴らしいご対応ですよね。

でも、インバスケット問題の解答を拝見していると、多くの方がこのうちの何かの行動が抜けています。皆さんに当てはめてみてください。どの行動にヌケモレが多いですか。

富岡「えっと、私は上司への連絡とか報告などはできるんですが、その再発防止行動というのは弱いなあ、どうですか？」

磯部「あ、わたしもそうですね。とりあえず火を消すのですが、最後の詰めが甘いんでしょうね。すぐに火はまた出ちゃうんですよ」

そうですね、再発防止行動が抜けている方は多いですね。原因究明にばかり気を取られて、抜けがちな行動です。

あと、このケースでいえば、他の取引先への納品は大丈夫だったのか調べるという行動も再発防止行動に入りますね。

では、この四つの行動を確認したところで、どの行動から先に取るべきなのでしょうか？　考えてみてください。

（読者の皆さんも考えてみてください）

沢田さん。いかがですか。

沢田「はい、これも当たり前ですが、まずお詫びなどをしますので〝緊急的行動〟そして代替品の手配の〝応急的行動〟それから原因を究明し、再発防止の順番でしょうか」

都築さんはどうでしょう。

都築「いや、まず原因の究明が先でしょう。ひょっとしたら相手の勘違いかもしれないし。それが究明されてからお詫びをするか、代替品の手配をするべきでしょう」

なるほど。そのほかの皆さんはどのような行動の順番を取りますか?

あくまで、案件の内容によって異なりますが、一般的にはまず管理者が取るべき行動の順番は、緊急的行動、応急的行動、原因究明行動、再発防止行動です。

たとえば目の前で火事が起きているのに「どうして火事が起こったのだろう」と原因を探るよりも、まずは被害の拡大を防ぐ行動を取る必要があります。

大事なことは、優先順位が高い行動を冷静に考えて、順番を立てることです。

頭の中でいろんなやるべきことが浮かんでも、手当たり次第にするのではなく、どの行動を先に行うべきかをリーダーは冷静に考えるプロセスを取るべきなのです。

そしてもう一つ、トラブルが発生した時こそ、リーダーとして落ち着いた振る舞いを取りたいものです。

リーダーにトラブルを報告するメンバーは、自分で対応できない事態に不安を持っています。リーダーが慌てたり、動揺したりすると、メンバー自身も不安になるでしょう。

リーダーの振る舞いはチーム全体に大きく影響します。チームが不安になると、起きているトラブルと関係ないところで二次的なトラブルが発生したり、解決するべきトラブルも時間がかかったりします。

リーダーは、たとえ困難な状況でもメンバーに対して「大丈夫だ」と安心させる余裕がほしいものです。

Section
7

時間内にアウトプットを出す力

時間をコストとして見ていますか

── The Lectures of In-Basket ──

14:45 ~15:30
（前半）

時間もコスト

16

さて、このセクションでは、皆さんの時間に対する意識について考えていきたいと思います。

先日ある企業様の研修に行かせていただきました。次期リーダー候補の方の研修だったのですが、その方の多くが、自らリーダーになりたいという意識をあまり強く持たれていませんでした。なぜだかわかりますか？

リーダーになったら辛そう、とか、労働時間が長そう、楽しくなさそうなどと、彼らが上司の仕事を見てそのような印象を持っているのです。だから、誰もそんな仕事したくないのですね。

よく、上位職になると、確かに報酬は上がるが時間給計算にすれば下がることがある、という笑い話にならないような話を伺います。皆さんの労働時間はどうでしょうか。

沢田「うちの管理職は、労働時間長いですね。朝は7時過ぎに来ているし、帰りは夜の10時は当たり前。でも何をしているわけでもなく、部下がいるからおれもいるみたいな感じですね」

磯部「いや、お言葉を返すようですが、部下が仕事をしているのに、管理者が先に帰ることはできないですよ。その後何かあったら大変ですしね」

ありがとうございます。しかし、ここでは管理者の長時間労働を討議しようとするのではありません。

長時間勤務するがゆえに、時間という資源に対しての意識が薄くなる傾向に対して問題視をしたいと思っているんです。

インバスケットでは制限時間内に多くの案件処理を求めるわけですが、ここでは時間内にアウトプットを出す力について考えてみましょう。

では早速ワークです。

Work

午前中、優先順位設定で、日常行っている業務の仕分けを行っていただきました。同じ業務内容として、定時までに終了させるとすればどうすればよいかを10分以内にグループで討議し、前のホワイトボードにグループごとに書いてください。

(読者の方は個人で5分以内に、どのようにすればよいかを考えて、その紙の空白に記入してください)

1班の会話

※沈黙のまま1分間経過

磯部「えーと、では、どういう風に進めましょうか。フリーディスカッションということでいいですかね」

都築「いや、フリーディスカッションではまとまらない可能性がありますよ。個人別に簡単に意見を述べて、まとめに入るのが一般的ですよ」
細谷「結局はアウトプットする必要があるので、何をアウトプットするかを決めるべきです」
磯部「えーと……、では私から考えを述べさせていただきましょうか……」

※7分経過

沢田「ということで、私は定時に上がるには上司の指示を先読みしたり、定時に上がることを周りに宣言したりすることなどが大事だと思います。……以上ですが、私で発表は終了ですね。ではまとめていきましょうか？」
細谷「いや、今の個々の考えについて疑問点を明らかにするべきだと思います。結局はそこが求められていますから」
磯部「えーと、すいません、ちょっとお手洗いにいってきていいですか。すいません。進めていただけますか。申し訳ない」
沢田「え？　でも、もう数分でまとめないと……」

細谷「結局はアウトプットが求められているのだから、誰かの考えを前に書きましょう。そこに質問されたら補足で答える形で行きませんか。時間がないし」
沢田「誰かの意見ですか？　じゃ誰の意見にしましょうか？」
細谷「沢田さんの意見にしておきましょう？　的を射ているので……」
沢田「え？　私の意見ですか。でも、私は皆さんと違って管理者経験がありませんし、管理者としての意見を交えたほうがいいと思います」
富岡「他のグループはもう前に書き始めていますね」
細谷「結局は何か書かなければなりませんので……」
沢田「わかりました。では私の考えを書きますが、少しずつ皆さんのエッセンスをいれましょう。一言ずつお願いできませんか。では、細谷さんから」

はい、時間です。その時点で書くのを止めてください。お疲れ様でした。どうでしょうか。まとまりましたか？　あれ、書かれていないグループがありますね。
沢田「すいません。私のグループです。10分では時間が足りませんでした」

はい、でも他の班は時間内に結論を出されています。ビジネスでは時間内に成果を出すことが求められていますよね。どうしてアウトプットが出なかったのでしょうか。

沢田「いや、言い訳かもしれませんが、10分で5人の意見をまとめるのは少し無理がありそうな気がします。あと5分あればまとまったと思います」

時間が足りない……。本当にそれが原因でしょうか。では、他のグループも同じ時間で同じ課題、同じ人数なのにアウトプットが出ているのはどうしてだと思いますか？

磯部「えーと、どうしてって言われても、まとまらなかったって感じですかね」

都築「自分は討議の仕方について問題があったと思います。まずどのようにして何を出すのかを最初に明確にするべきだったと考えています」

なるほど。で、その意見はチームのメンバーに伝えましたか？

都築「えっ？　いや。自分でそう思っていただけです」

このワークは定時に帰るための方法を学習するのではなく、時間内にアウトプットを出す難しさを体験していただいたのです。他のグループも、ホワイトボードに書かれていますが、これは本当にチームの総論なのでしょうか？　どうでしょう？

2班「すいません。私たちも結局時間が足りずに、とりあえず代表の方の回答を前に書きました」

3班「私たちは、若干のずれはあるものの、全員の共通認識を書きました」

ほう、それは素晴らしいですね。3班はどのように進められたのですか？

3班「10分という時間だったので、まずリーダーと記録係、発表者を決めて一人1

分で発表し、論点を見つけて、社風というテーマで話していきました」

はい、ありがとうございます。3班の進め方を聞いてどう思われましたか？
これは実際の職場でも同じです。同じ時間でも結果が出る部署と結果が出ない部署がありますよね。会議でも同じです。時間内に有意義な結果が出る会議と、出ない会議があります。この進め方の違いは何だと思いますか？

沢田「他の班の進め方と私の班の進め方の違いは、まず役割分担ができていなかったと思います。そして進め方についてもあいまいで、発表で使う時間配分もあいまいで、最後はとにかく何か前に書くことが目的になっていたと思います」

都築「沢田さんの補足ですが、最初の討議のスタートに約50秒かかっていたんですね。これはやはりリーダレスが問題だったと思うんですね。あと、討議の中心も細谷さんと沢田さんになって、グループでまとめるというよりはお二人の話し合いになっていたような……」

細谷「えっ、私はなんとか結果を出そうとしていただけですよ。それじゃ都築さんも討議に入ればよかったじゃないですか。ね、沢田さん」

まあ、まあ、課題が見えてきましたね。これは職場でもよくある問題なんです。皆さんがこれからチームのリーダーとして結果を出すためには、

①組織を作り、役割分担をする
②目標を明確にする
③計画を作る
④全員の力を活用する
⑤アウトプットの確認をする

この五つが重要です。

まず組織は烏合の衆ではありません。役割と責任を明確にする必要があります。そのためにリーダーは不可欠で、リーダーが中心となり組織を作ります。

次に目標を明確にします。

たとえば会議に出席することやプレゼンを行うことは目的ではありません。手段です。ここは間違ってはなりません。間違ってしまうと今回のケースでは、とにかく10分以内にホワイトボードに何かしら書くこと、となってしまいます。これでは10分間何をしていたのかわかりません。いや、5人いますので10分ではなく、50分間が無駄になったのと同じなのです。

その次に、計画を作ります。

10分で発表を終えるためには一人何分しか配分できないとわかりますよね。だから計画を作ってリーダーは計画通りに進まない場合は修正をすることが必要なのです。たとえば一人1分と決めているのに、1分過ぎても終わりそうにない場合は警告するなどの行為も必要でしょう。

私も組織にいる際には、常に発表者の時間計測をしていましたよ。時間という枠を与えることで、何を言わなければならないのか考える効果もあります。

そして、これが大事なのですが、全員の力を活用することです。

多くの組織が従業員の一部の力で動いています。つまり、一部の従業員は力を発揮しているが、残りは発揮していないということです。それではたとえ組織で結果が出たとしても、それは一部の個人の結果であり、力を出していないメンバーは達成感を感じず、モチベーションも上がりません。だから、さらに当事者意識を持たないという悪循環に陥ります。

全員が参画して結果を出すことがリーダーの使命ともいえます。だからこそアウトプットに対しては全員が責任を持てる体制をとるべきで、その際に当初の目標通りの結果になっているのか、確認は必要です。

磯部「先生。すいません。うーんと、私も中座したのでそれもチームに迷惑をかけたのは反省しますが、時間があれば結果は出せるのではないでしょうか。もっとゆっくり落ち着いて話し合うほうが良い結果は出るでしょう」

磯部さんのご意見もごもっともですが、ではあと10分延長すれば、本当に課題に対するテーマが飛躍的に良くなるアウトプットが生まれるのでしょうか？

私はそう思いません。時間があれば良い結果が出る、という考え方は時間をコストとして捉えていないのではないでしょうか。先ほども言った通り、時間は見えないコストです。たとえば、10名が1時間会議に出ているだけでも、それが管理者であれば高額な時間給で10時間分使っていることになります。それを1時間延ばすと

時間をかければコストは確実に上がるが、成果はかわらない

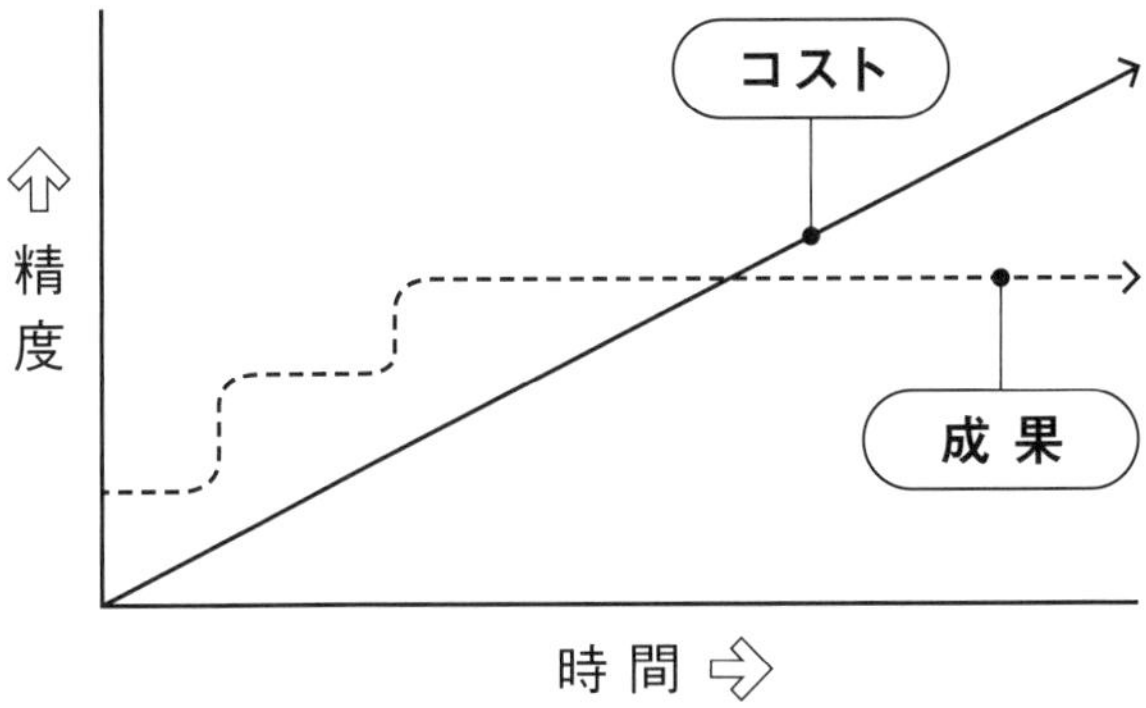

どうでしょう。さらに10時間使いますよね。結果も倍良くならないと計算が合わないですよね。

これでは時間をかけたほうが案件処理の精度がいいのかというと、決してそうではないのがわかります。「時間をかければ結果が出せる」という考えは切り替える必要があります。

取引先との商談が30分あっても、結果が出せる営業マンと出せない営業マンではプロセスが異なります。話がまとまらなくて相手に「あと10分延長できますか」などと聞かないですよね。

決められた時間内に結果を出すためにはどうしたらよいかを考えてください。

初めの課題に戻りますが、「定刻までに

業務を終わらせる」のであれば、今のプロセスで業務の処理を始めなければなりません。そのためには、出社した時から帰る段取りをするべきなのです。

Rest & Questions

細谷「当社の会議で、議題があるにもかかわらず、すぐに話題が脱線し、議論が進まずアウトプットできないことが多いと思います。この場合はどうすればよいのでしょうか」

そもそも、会議の議題が決まっているのであれば、あらかじめ事前に個人で考えさせることが重要です。集まってから議題を検討するのは時間の無駄です。議論が広がりそうなら、ホワイトボードなどに議論のテーマを大きく書いた上で、個々の発言や議論の方向をホワイトボードに書き込んでいきましょう。全員がどのような方向に議論が進んでいるのかを認識させるためです。多くの場合、脱線した議論は議題が不明確になっていることが多いからです。

Section 8

課題を解決する力

問題を解決することはリーダー本来の仕事ではない

— The Lectures of In-Basket —

14:45~15:30
（後半）

課題と問題は違う

17

そろそろ後半に入ってきましたが、大丈夫でしょうか。

心なしか皆さまの目の大きさが朝の半分くらいになってきたようです。今、皆さんのテーブルにアシスタントがキャンディを配っていますので、それを口に入れながらお聞きください。

えー、インバスケットでは個々の案件の問題解決が注目されがちですが、実はもっと大事な点があります。それは課題を設定し解決することです。

リーダーにとって真の問題解決とは、発生した問題をうまく収めることではなく、その背景にある課題を解決することだからです。

今、皆さんに配布しているシートに、皆さん自身が抱える職場の課題を三つ書いてください。職場の課題がわからない場合は、あなた自身の課題でも結構です。

Work

課題（三つ書いてください）

①

②

③

書けましたか？　では発表していただきましょう。磯部さんお願いします。

磯部「え、私ですか。えーと私は職場の課題を三つ挙げました。①売上が悪い。②部下の佐藤君のケアレスミスが多い。③営業日報などの不要な書類作成に時間がかかる。これらが今抱えている課題です」

磯部さん、ありがとうございました。よく問題を把握されています。しかし、課題とは少し違いますので後でご説明しますね。細谷さんはいかがですか。

細谷「はい、課題は、①産学共同によるしわにならず保湿性のある機能性スーツの開発。②マーケットを細分化し、所得層別に対するＤＭ配布。③来店記念特典の無料景品配布券の導入。結局はこの三つだと思います」

ありがとうございます。うーむ、ただ、具体的な対策になっていますね。残念ですが、課題ではありません。今お二人に発表していただきましたが、多くの方が課題ではなく問題点や対策になってしまっているのではないでしょうか。特に問題点と課題点を混合して考えると非常に困りますので、課題について解説します。

課題とは正確な定義はないのですが、インバスケット的にいうと、問題点とは現象であり、課題点はその現象を分析した上であるべき姿に近づけるための意思の入ったものをいいます。

たとえば、「自分の使っているパソコンがよくフリーズする」ということは、現象ですので問題点です。大きな原因はハードディスクの容量が一杯であることのようです。すると課題は何になると思いますか？

都築「一般的には、ハードディスクの中のいらないファイルを削除して、とにかく使えるようにしなければならないのではないでしょうか？」

はい、私もとりあえずは都築さんのおっしゃったことをするかもしれません。しかし、それは発生した問題の解決策であり、課題の解決策ではないのです。

課題を設定する際には、〝あるべき姿〟をどのように設定するかが大事です。このケースであるべき姿を「とりあえずパソコンが今使える状態」であれば、ファイルを削除してハードディスクの容量を空けることが課題になるかもしれませんが、リーダーの持つあるべき姿が〝とりあえず〟では困ります。

ですので、リーダーが持つ、あるべき姿の一例として「いつでもパソコンが快適に使える状態」とすると、対策も大きく変化します。とりあえずの対応では解決しないからです。

先ほども言いましたが、発生した問題の被害拡大を防ぐようなあるべき姿の設定をすると、案件の本質まで改善できず、問題は続々とそこから生まれてきます。あるべき姿を設定する時は、何が真の目的なのかを考えることが課題設定の大前提なのです。では、もう一度あるべき姿を考え直して課題設定をしてみましょう。

もう一度課題設定し直す

では磯部さん、もう一度ご発表いただけますか？

磯部「えー、今先生から言われたことを考えると、①既存顧客の単価アップのための新規提案の実施。②ケアレスミス防止のための佐藤君の確認作業の教育実施。③業務効率化と活用できる報告ツールの開発です。間違っていますかね」

いや、素晴らしいです。皆さん拍手しましょう。良いあるべき姿の設定ですね。あるべき姿を替えるだけでこれだけ課題が変わるのですね。驚きましたね。

沢田「先生、質問していいですか？　問題を課題に替える重要さはわかったのですが、そうすると問題の数だけ課題が出てきて、どれから手をつけるべきか混乱しそうなのですが、その場合はどのように対処するべきなのでしょうか」

問題の数だけ課題が生まれることはありません。なぜかというと問題の真の原因を考えて行くと、同じ課題のグループに辿りつかないですか？　たとえば、コミュニケーションや教育、戦略、仕組み……などです。

課題とはいろんな発生型の問題のルーツになっていることが多いので、一つの課題解決でいくつかの問題を一網打尽で解決できます。沢田さん、いかがですか？

沢田「うーむ。なるほど。確かに原因を突き詰めていくと、しつけや仕組みといった課題で私の問題の多くが解決の方向に向かいそうです。特にうちの場合は課長を替えるとほとんどの問題が解決しますね」

こらこら。たとえはともかく、課題解決の考え方はその通りですね。

沢田「しかし、仕組みや教育などの課題解決は時間がかかりそうですね。教育も数日でできないし、仕組みを変えることもいろんな調整が必要ですし……うん」

どうしました？

沢田「いや、うちの上司、仕事はあまりしないのですが、そういえば唯一朝礼や会議では仕組みとか教育などを口にします。私はそのたびに、ポイントのずれていることを言っているな、と思ったのですが。今、なんとなく課長の言っていることの意味がわかったような気がしたんです」

ほう、ひょっとすると管理者としてかなり有能な方かもしれませんね。

沢田「いや、そうじゃないと思いますがね」

そうでしょうか？　課題は中長期的な時間をかけて戦略的に処理をしなければなりません。数時間で解決するのは課題ではなく表面的な問題が収まっただけにすぎないのです。任期中にどれだけの問題を解決するかではなく、どれだけ大きな課題を解決するかがリーダーとしての大きな勲章なのです。

Section 9

見えないものを見通す力

一歩引いてみると変わるマネジメント

— The Lectures of In-Basket —

15:30~16:30
（前半）

見えないものを見るには

19

先日、私の子供の小学校の運動会に行ってきました。

運動場の外側にぐるりと保護者がシートを広げて場所を取り出します。私も入ってすぐの場所にシートを広げて座っていたのですが、奥からどんどんシートが敷かれ、遅れて来た方は、手前に敷かれたシートの間を通り奥に行きます。

奥へ行く道はいくつかあるのですが、迷路のようにシートが敷かれているので、時には行き止まりになっている道もあります。

私は、後から入ってくる人たちの行動を観察しました。

すると、2通りの行動に分類できます。一つは前の人が進む後についていく、または、一番間口が広い道を進まれる方がいて、もう一つは道を進む前に、この道が自分の目指している地点まで繋がっているのか、あらかじめ目で確認してから進まれる方です。

運動会のシートで迷路になっている

前者の多くは、進んでいる途中で行き止まりになっていることに気が付き、引き返してきます。後者は行き止まりになることなく進んでいきます。

この違いは、先を見ることができるかという洞察力が発揮できているかどうかの差なのです。洞察力とは見えないものを見通す力とも言えます。見えないものを見るためには見方を変える必要があります。「繋げて考える」ということで、見えないものが見えることがあります。

（次ページ上の図を示しながら）たとえばこの点から何が見えますか？

都築さんは何に見えましたか。

点を繋ぐと★の形になる

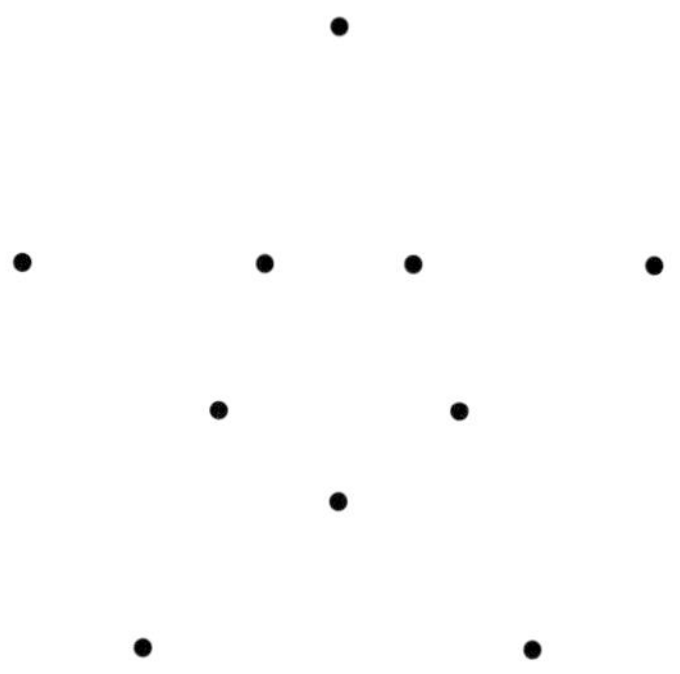

都築「何も見えません。というか、このワークにはどんな意味があるんですか」

そうですか、後ほどワークの意味をご説明しますね。沢田さんどうですか？

沢田「うん？　なんだろう。何かの絵に見えますね。繋げると、あっ星の形だ！」

そうですね。これを一つ一つの点と見ると全く意味がないものに見えますが、点を線と見ることで見えないものが見えてきます。

実際に夜空に浮かぶ星も一個の星と見ることもできますが、繋げると星座として楽しめますよね、そうするとストーリーもついてきますよね。

実際の仕事でも一つの仕事としてあるものが非常に少なく、多くの場合、なんらかの形で繋がっているものです。

インバスケットも限られた時間内で多くの案件処理をするのですが、あまりに焦るばかりに視野が狭くなり、単独の案件を処理しがちです。しかし、全体に一通り目を通すことで、見えない問題や環境、背景などが頭に浮かんできます。合わせてこの先はどうなるのだろうか、などと考えると見えないものが見えてきます。

では一つケースを出します。

あなたは課長から「悪いが11時30分ごろに来客があるので、会議室を押さえてほしい。少し時間がかかりそうなので、13時からのミーティングは欠席する。メンバーに伝えてほしい」と指示を受けました。あなたは何をするべきでしょうか。

細谷さんいかがですか？

細谷「まずは会議室を押さえますよね。それからメンバーにミーティングに課長が欠席することを連絡しますよね。以上です」

そうですね。でも少し時間軸で考えてみてください。昼食はどうするのかな？と感じませんか。そうすると課長に対して昼食はどうしますか？　と聞いてあげることができますよね。

細谷「要はそういうことですよね。気がつきませんでした」

課長は昼食を手配するように指示をされたとします。磯部さんはどうしますか？

磯部「えーと、課長の食事……、いや来客分も必要かな」

そうですね。先ほどは時間軸で見ましたが、今回は範囲を見ます。範囲を「どこまで用意すればいいのだろう」と考えることで、さらに見えないものが見えてきます。すると、来客は何名来られるのか、まで聞きたくなりますよね。

1個の不良品が発生したケースでも、時間軸と範囲で考えると見えないものが見えてきます。これからまだ発生する可能性があることや、在庫品にも不良品があることなどです。一見関係ないように見える案件同士でも、繋がりがあるのではないか？　と疑うことで点が線になることがあるのです。

皆さんの部下の方がかなり落ち込んでいるとします。その現象だけを捉えるのではなく、他に起きている現象と繋がりがないのかと考えることで、新たな打開策が見えます。

細谷「すいません、先生。実は私も先ほどの星に形が全く見えなかったんです。これは、つまり洞察力が全くないということでしょうか」

いいえ、細谷さん。洞察力がないのではなく、発揮できていないのです。今、先ほどのシートを見ると、星の形に見えますよね。これはその視点で見るからです。洞察力は物事を見る位置を変えるだけで、今まで見えなかったことが見えるようになります。大事なことは、推理小説のように、何か手がかりがないのか、周りに何か関係するものはないのか、この先どうなるのか？　といったいろいろな軸を持つと、見えるものが出てくるはずです。

何か仕事をしていても、その作業に没頭するのではなく、その先はどうなるのか推測することです。

細谷「よく上司にも、一つのことに没頭すると周りが見えなくなると指導されます。理系の特性ですかね。そんな余裕は正直ないのですが、本当にそんなことができるのか不安です」

そうですね、リーダーは気球に乗って地上のメンバーを見ているイメージを持つといいですよ。時にはチーム全体や会社全体を見通して、時には地上近くまで降りてゆき、メンバーと同じ視点で問題を見る。そんなイメージでしょうか。

特にリーダーは司令塔です。司令塔が一つのことばかり見ていては困ります。メンバーより一つ高い台の上にいる感覚で、メンバー全員だけではなく、他のチームはどのような動きをしているのか、そしてこれからどのような流れになるのかを、先を見通さなければなりません。

一歩先だけではだめなんです。二歩先、三歩先はどのようになるのかを考えた上で意思決定をしたり、計画を組んだりすることが求められているのです。

Rest & Questions

富岡「先生。教えてほしいことがあります」

はい、富岡さん、なんでしょうか？

富岡「実はインバスケットの問題が制限時間内に半分もできないのです。どうすれば早くできるんですか」

半分ですか？　もともと、インバスケットは無理な制限時間で設定していますから、深刻に悩む必要はないのですが、少し解答を見せていただけますか？

富岡「ええ、これです。実は半分と言いましたが、実質的に処理ができたのが3案件です。これではまずいですよね」

うむ、少し案件処理が遅いようですね。案件処理が遅い原因は主に三つあります。まず読む遅さ、つまり内容理解力です。二番目に判断する遅さ、意思決定力です。そして三番目に考えたことを文章にすることの遅さ、または書くことの遅さ、文章表現力です。

富岡「えっとー、うーん、私はおそらく意思決定力です」

なるほど、多くの方が意思決定力だと思われているのですが、でも私の経験上からいうと、内容理解力でつまずかれている方が多いようです。つまり内容が十分理解できていないので判断ができないのです。

富岡「ちょっと待ってください。そう言われると、私もそうかも」

富岡さんは文章を読む時にどのように読んでいますか？
この文章、一度何が書いてあるか読んでもらえますか？

富岡「あ、はい……」

ほら、二度読みしているでしょ。

富岡「え、二度読みですか？　あ、確かに。あーあ、だから遅いんだ」

二度読みの癖は目の動きを見ているとわかります。できるだけ一度で読む癖をつけてください、二度読むと人の倍読む時間がかかりますから。その時に必ずしてほしいことは、

①　一度で理解すると強く思うこと
②　何が書いてあるかではなく、自分は何をするべきかという観点で読むこと
③　気になるキーワードには必ず下線を入れること

この三つは必ず行ってください。①は、もう一度読めばよいと思えば、一度で頭に入りません。一度で読むと思うことが大事です。

②は新聞などで練習してみれば違いがわかります。情報として読むのではなく、それに対して自分が何をするべきかと考えながら読むのです。おそらく同

じ記事でもアウトプットが必ず違うと思いますよ。
③は他の案件との関連するキーワードが頭に入りやすくなるだけではなく、もし二度読む時も最初から読むのではなく、キーワードが付箋代わりのような役割をしてくれます。
研修などの後にインバスケット問題を回収すると、スコアの高い人の多くは問題集に下線やマーカーなどの書き込みがありますね。これらは日常の業務などでの習慣づけによって早くなりますよ。

富岡「そっか、読む時間か……一度やってみます。なんか早くなりそうな気がします」

組織を活用する力

リーダーは頭を使って仕事をすることを忘れてはいけない

— The Lectures of In-Basket —

15:30～16:30
（後半）

組織を使うということ

20

はい、とうとう大詰めに入ってきました。もうそろそろお疲れモードになってきましたね。大丈夫でしょうか？　なんとかついてきてくださいね。

では、次に組織を活用する力について考えていきます。

皆さんがリーダーになった時に、仕事の進め方で求められるのが、自分自身で結果を出すスタイルから、人を使って結果を出すスタイルへの大きな変化です。

今、人を使って結果を出すと言いましたが、この仕事の変化は全く違う仕事に就くような変化です。現職の管理者の細谷さん。そうですよね。いかがですか？

細谷「はい。私はまだ管理者になって2か月ですが、いろいろ戸惑いましたね」

ほう、どんなことに戸惑われましたか？

細谷「なかなか部下がうまく動いてくれません。それにやる気のないメンバーや問題児もいたりと……。結局は彼を使いこなすのが私の仕事ですが」

かなりご苦労されているようですね。リーダーになると自分の仕事だけではなく、部下の仕事の進み具合や時には部下のミスのリカバリーもすることになります。

細谷「はい。結局は彼らの働きぶりによって、私の仕事の量が変わって、私の評価も変わるんです。私の部下は総勢16名いるのですが、彼らの働きぶりを確認しているだけでも大変なのに、上司からは無理難題を言われ、それを部下に下すと猛反発するし、もう八方ふさがりです。……あ、すいません愚痴っちゃいましたね」

磯部「あ、えーと、それは管理職の宿命ですよ、私なんかもう慣れましたよ。すべて管理しようとすると自分が疲れます。やらせる時はやらせる、愚痴を聞く時は聞く、それも仕事だと思って割り切るしかないですよ」

なるほど、さすがはベテラン管理者のご意見は説得力がありますね。
リーダーの仕事の一つに部下の管理があります。部下も人間です。それぞれの価値観や考えを持っています。時には上司として管理という力で抑えつけることも必要ですが、部下から押し上げてくるようなモチベーションの上げ方も大事です。
皆さんが部下だったら、どんな時にモチベーションが上がりますか?

富岡「ちょっといいですか。私なら、やった仕事に対してなんらかの評価があると嬉しいです。ボーナスなどに反映されるのも嬉しいですが、ちょっとしたことでも感謝されると、頑張ろうかな!　って気がします」

うんうん、そうですね。自分のやったことを見てくれて、それに対して評価を受けると嬉しいですものね。逆に、やって当たり前などと思われ無関心だったら、やる気が下がりますよね。

沢田「私は上司という人間ですね。この人について行こうと思ったら、なんでも乗り越えることができる気がします。今の上司は、全く仕事ができないので軽蔑はしていましたが、なんか憎めないんです。ついて行こうとは思ったことはないのですが、自分がいないとダメだなと思います」

えっと、沢田さんの上司の方のお話はいろいろお伺いしましたが、仕事ができないのではなく、仕事を部下に自発的にさせることのできる方のような気がします。

沢田「いや、どうでしょうか。確かに以前、課の中で大きなトラブルがあったときは、この人仕事できるんだ、と思うような信じられないくらいの仕事をしましたね。でも、力を出さないのはリーダーとしてどうかと思います」

沢田さんはもっと上司の方に力を出してほしいとお思いなんですね。でも、リーダーにはいろんなタイプがあって、チームをぐいぐい引っ張っていくタイプや独裁者タイプ、逆に協調を重んじるタイプや部下に委ねるタイプもあります。

私はその上司の方のスタイルは、自分でやることができるのに、部下に自発的に行動を起こさせようとするタイプだと思いますね。

沢田「でも、力を出せるのに出さないのは卑怯ですよね。手を抜いている」

都築「ちょっと、よろしいか。話に割り込んで申し訳ないですが、実は今のお話を聞いていて、前職の私のスタイルを思い出しまして……」

都築さんの前職の時のリーダースタイルですか？　よく似ているんですか？

沢田さんの上司の方と？

都築「いえ、逆ですね。すべて、自分が主導権を握って、事細かに、相手に指示をしていました。でも、思った通りの成果が上がってこなくて、そのうち、気がつくと自分がその仕事をやっていました。そのうちに、周りのメンバーは自発的に仕事をしなくなり、唯一頼りにしている部下から退職の届けが出されました。それも直属の上司でなく、私の上司に頭越えで出されたんですよ」

磯部「うわっ。そりゃひどい。なんてやつだ」

都築「私は、チームで成果を上げるために頑張ってきました。チームの成果が上がるとメンバーの評価も上がるからです。それなのに、その部下の退職後に、私は上司から、〝君は確かに優秀だが、リーダータイプではなくスペシャリストタイプだな〟と告げられたんです」

スペシャリストですか？

都築「私自身もうすうす感じていました。インバスケットでも組織や人を使う能力の発揮が低く出ていましたから。自分も、自分の部下なのに仕事をやってもらう、という感覚は嫌悪感を持っていました。そしていつの間にか部下を軽蔑していたのかもしれないですね」

なるほど、お話しにくいことをおっしゃっていただき、ありがとうございます。皆さんのおっしゃるように、リーダーはメンバーがなくては仕事ができません。リーダーは個人として成果を上げるのではなく、組織を使って成果を上げることが求められています。大事なことは、組織はすべて人で成り立っているということです。

だから、人を使うということは避けて通れません。上司という立場に立って初めて、部下とのコミュニケーションがうまくいかない、とか、やはり自分で仕事を進めるほうがいい、と思われる方はたくさんいます。

都築「一般的にはそのような時はどうすればいいのですか」

一つはご自身のスタイルを受け止めて自分のスタイルを発展させることです。もう一つは、リーダーという道ではなく、スペシャリストという道を選ぶことです。

都築「それで、わたしはスペシャリストの道を選んだんです」

はい、リーダーになるだけが道ではないと思います。ただし、スペシャリストを選ばれると、自分のやりたいことには制限がかかります。つまり、自分一人でできる範囲には限界があるんです。

人や組織を使うと、自分一人では絶対に成し遂げられないことができるのです。そして、より多くの顧客に満足を届けることも可能になるんですね。

富岡「ちょっと待ってください。でも、多くのメンバーがいても、あまり役に立たないメンバーが揃っていたら超最悪じゃないですか？」

役に立たないメンバーなんて、私はいないと思いますよ。チームはさまざまな価値観を持った人間で構成されます。だから、全員が精一杯やろうと思うことは、ある意味まれだと思います。

都築「徹底的に管理して、厳しく指導すれば全力を尽くすべきです。厳しいノルマを与えて、達成しなかったら来月は席がないぞ！　と追い立てることも、組織の目標を達成する上では必要だと思いますが。あくまで一般的な話ですが」

そのような管理スタイルを取らなければならない時もあるでしょう。そうすれば、確かにチームの全員が目標に向かって進むかもしれません。でも、都築さんがそのチームの一員だったら、そのチームにずっと尽くそうと思いますか？

都築「いや、私は無理です」

リーダーが組織を運用する上で大切なことは、組織の目標を達成することもありますが、同時に行うべきことがあるのです。それは、次のようなことです。

・メンバーを教育、育成しながら
・組織を維持しながら
・チームの資源やメンバーの能力を最大限活用しながら
↓組織の目標を達成する

これは皆さん覚えておいてください。

リーダーは、チームの目標を達成するだけでは落第点なんです。

必ず、メンバーを育成しながら目標を達成するのです。だから、自分自身がやれば成果が上がるからといって部下の成長のチャンスを摘み取ってはいけません。たとえ、自分がやったほうがよい、とわかっていても、やらない、または指示をしないことも必要です。これは〝やれるのにできない〟つらいことでもあるのですが。

組織を発展させる

21

次に、組織を維持しながら目標を達成します。何度も申し上げますが、チームは烏合の衆ではありません。いろんな役割やメンバー同士の個性をかけ合わせながら、方針に従って組織を維持発展させることが望まれています。

ポツリポツリと家が建っている集落があって、皆が好き勝手に暮らすのではなく、道を作ったり、集会所を作ったり、規則を作ったり、みんながより暮らしやすい集落を作り、維持をしていくことが求められているのです。

そのためにはリーダーは、自分のチームに何が求められているのかを考えて、メンバーを導く必要があります。そのほかに組織の維持で大事なポイントがあるのですが、おわかりになる方はいますか。

細谷「自分の代わりを立てることですか？」

そうです。組織の崩壊はリーダーの不在が大きな原因として挙げられます。だから、皆さんはリーダーとして組織に着任した時には、皆さん自身がいなくても組織が運用されるように、自分の代理を作って、自分の後任を育てる必要があるのです。

磯部「あはは、自分が着任した時から自分の後釜を育てる、ですか。その後釜に、自分のポストを奪われそうですね」

磯部さん、その考え方はリーダーとして危険ですよ。皆さんがリーダーとして仕事をしてきたかどうかは、皆さんがいなくなって初めてわかるんです。皆さんがいなくなって組織が回らなくなると、それは、皆さんはリーダーではなく、スペシャリストとしての仕事をリーダーの名札をつけてやってきただけなのです。

磯部「そんなつもりでは。いや、でもそんなつもりだったかもしれません」

いいんですよ。この場では正直な気持ちを出していただいて。

では続けます。リーダーがやるべきことで、チームの資源やメンバーの能力を最大限活用することも重要です。最大限活用するにはまず、自分にはどのような資源があり、どのような能力を持つメンバーがいるのかを知ることです。

特にメンバーの能力を知る機会というのはなかなかありません。このような場合は、メンバーとのコミュニケーションの時間を取ることを心掛けたいですね。

どうですか、現職管理者の方、部下とのコミュニケーションはどのくらい時間を取っていますか?

磯部「部下の数が多いので、正直あまり時間が取れていないですね。自分自身も忙しいですし。たまに挨拶する以外には何も話さないで退社する部下もいますね」

そうですね。リーダー自身も非常に忙しい中、部下との時間を確保しにくいのが現状のようです。しかし、部下とのコミュニケーションを図ることができるのは自分しかいないことも強く知っておいてください。

その上で、メンバーがどのような問題を抱えているのか、どのような価値観を持って仕事をしているのかを見極めることが現状把握なのです。部下の数が何人いる、と把握することは現状把握ではありません。

現状把握した上で、能力を最大限活用するには、最大限活用する場を提供しなければなりません。つまり、リーダーは自分自身が活躍する場所を作るのではなく、部下が活躍する場所を整えるのが仕事です。

磯部「先生のおっしゃることはわかりますが、実際に部下の言うことばかり聞いていたら仕事になりませんよ。我々も成果を残さないと、この立場にいつまでいられるかわかりませんから。我々はしょせん、将棋の駒ですからね」

将棋の駒、そうですね。将棋の駒という表現は良くない意味合いで使われるようですが、将棋の駒は決して悪いとは思いません。皆さんは将棋をされたことはありますか？　将棋の駒には歩から玉まで20の駒があります。

そして、駒すべてにはその駒にしかない特色があります。たとえば「香車」は前方に障害がなければ相手の玉を倒すこともできます。「桂馬」はななめ左右に跳ぶことができて、同時に二つの敵を狙うことができます。

このように、駒それぞれの特色をつかんで相手を倒すのですが、勝負に負けた時に見てみると、手元に強力な駒が残っていたり、最初から全く動かすことのできない駒があったりすることがあります。この駒を使うのも使わないのも、打ち手次第であり、活躍しない駒が悪いのではありません。

たとえ一歩しか前に進まない「歩」であっても、相手の陣地に入ることができれば「金」と同じ能力を発揮します。これは部下に活躍する機会を与えれば、能力を発揮するというたとえだと私は思います。どうせ、勝負をするのであれば、盤面いっぱいに持ち駒をすべて使って戦いたいものです。

では、組織活用が部下の活用に焦点が当てられすぎていますので、少し、視野を広げるために一つワークをしてみたいと思います。

少し悲しい例ですが、皆さんの飼っている犬がいなくなったという想定で、これからの事例を、あなただったらどのように対応するかを考えてみてください。

Work

あなたの愛犬が昨日から行方不明です。あなたは自分で可能な限り探しましたが手掛かりはありません。あなたならどのように対応しますか？

はい、では少し時間がおしているようですので、ここで切りたいと思います。
では、富岡さんならどうされますか？

富岡「はいっ。まず全力でもっと広くまで探します。あと友達や家族にも応援してもらい、何がなんでも探し出します」

ありがとうございます。細谷さんはいかがですか？

細谷「そうですね。どうしていなくなったのかをまず分析して、やみくもに探すのではなく、行きそうな場所を予測して探しますね」

ではもう一人だけ。

沢田「うーん、事故にあったりするかもしれないので、警察や保健所に連絡をしますね。あとポスターを作っていろんなところにお願いに行くとか、ですかね」

はい、このワークは自分一人で対応できない場合に、自分が活用できる組織がどれだけあるかを知ってもらうために行いました。

まず、リーダーは自分の仕事や自部署の中だけを見るのではなく、組織全体や時には外部の組織を見渡して、自分が活用できる資源としてとらえておくことが大事です。

たとえば沢田さんのように、警察や保健所に連絡したり、近くの交番や動物病院、近所の公園で散歩している方にお願いをしたり、地方情報誌やフリーペーパー、迷子犬を探すサイト、ツイッターなどもありますよね。民間業者で迷子犬を探してくれる会社もあるようです。

このように、自分だけが体力的に頑張るのではなく、いかに他力を有効に活用できるか、そしてどのような活用できる組織があるのかを知ることはリーダーにとって組織活用の大きなポイントです。

このようにリーダーには自分ががむしゃらに動きたい気持ちを抑えて、頭をがむしゃらに使うことが求められているのです。

都築「先生、ちょっとよろしいですか」

あ、いいですよ。どうかしました？

都築「お昼に大変失礼なことを申し上げてしまい、申し訳ないです。私は人を使うのが苦手でして、インバスケットでも指摘を受けましたが、これはどうすれば改善できますか。やはり使われる側に徹するべきでしょうか」

うーん、それは私にもわかりませんが、人を使うという風に意識するのではなくて、部下は自分を助けてくれる存在だと思ったらいかがでしょうか。

都築「本などにはそう書いてあるのですが、なかなかそう思えないんです。だって、賃金を払っているのですから、大して働かないのであれば、そのぶん自分が働くから賃金をよこせ、と言いたくなります」

その考え方は必要ですよ。私も当然そう思います。しかし、それは私たちのレベルから見ているからではないですか。自分ならこのくらいできて当然だと思っていても、相手にとってはとてつもない高い目標かもしれません。

それに、あまり細かい管理や、指示、そして部下に対する不信感を持ち続けると、都築さん自身が苦しむことになりますよ。

都築「わかります。自分がいなくなった瞬間にみんなが、仕事をしなくなっているのではないかと強迫観念のようなものに襲われます」

かなりつらい気持ちで仕事していたんですね。私も以前はそうでしたよ。でも、疑いだしたらきりがないし、一人一人の細かい業務の内容まで管理はできません。だから、管理点を決めていたほうがいいですね。

都築「管理点ですか？」

ええ、朝、昼、夕方くらいに、進捗を確認させたり、自分自身で目標を立てさせたりすれば、いいと思います。何時までにできそうかな？　とか。
私の持論ですが、人は人に管理されるより、自分で管理するほうが仕事が進むこともありますし、質も高くなると思うんですね。都築さんは、今お一人で仕事をされていますが、部下を持たれるんですか？

都築「よくわかりましたね。今度大きな仕事を請け負うことになりまして、一人では手一杯なんですね。ここで人を使おうかどうか迷っていたんですが、前職でも人を使う能力がないといわれましたので、悩んでいたんです。でも、人を使うという感覚は少し、今回のお話を聞いて変わりました。手伝いに来てくれるという感覚を持つほうがいいのかもしれないですね」

ですね。きっといい人が手伝いに来てくれますよ。
そして、都築さんも素晴らしいリーダーになりますよ。

Section
11

戦略的に考える力

組織の一員ではなく
戦略家としてのリーダー

— The Lectures of In-Basket —

16:45~17:30
（前半）

「戦略」とは

22

はい、ではこのセクションではリーダーの持つべき戦略思考について考えていきたいと思います。まず、そもそも戦略とはどんなことなのでしょうか。

磯部さんはどう思われますか？

磯部「え、また難しい質問は私ばかり……。えーと戦略とは……何だろう。イメージはできるのですが、言葉ではなかなか出てこないですね」

そうですか、では戦術はおわかりになりますか？

磯部「うえっ、戦術？　これもイメージは浮かんでるんだけどね。言葉では……」

そうですね、なかなか言葉では出ないですよね。都築さんはいかがですか？

都築「一般的には戦略はもともと軍事用語で、大きな組織を動かす上での相手に勝つための行動を計画化したものです。現代は経営戦略やマーケティング戦略、販売戦略とさまざまなビジネスのシーンでも使われています。戦術とは戦略を遂行するための小行動です」

なるほど、都築さんはかなりお詳しいですね。富岡さんはどう思われますか？

富岡「えっと、経営者が立てる会社の運営方針のようなものでしょうか？　私の会社にも経営戦略部があって……でも何をしている部署か正直わからないのですが」

ありがとうございます。今、お答えいただいたように戦略とは普段あまり意識していないので、突然質問されてもすぐに答えることができないですよね。実は戦略と戦術という言葉はよく使われるのですが、はっきりとした定義はありません。

だから、戦略とはこういうものです、ということはできないのが戦略であり、だからこそ、先ほど都築さんが言われたように、○○戦略という一般語になっているんですね。このような定義のない言葉ですが、なんとなく重要であるということは皆さん認識をされているのではないでしょうか？

では、たとえを交えながら、理解を進めて行きましょう。

戦略とは、軍事用語と都築さんがおっしゃっていただきましたが、まさしくその通りで、相手に勝つためにはどうすればよいかという概念だと思っていただければいいかと思います。

この相手に勝つというのも、すぐには勝ち負けが出ないですよね、だから、長期的な目的が「相手に勝つ」ということになり、常に相手より優位になるためにはどうすればよいかという考えが戦略的な思考になります。

大事なのは、今目の前にいる敵を倒せばよいということではなく、〝長期的に相手より優位に立ち続けること〟が目的として設定されていることです。

では、ビジネス○○戦略という言葉がどうしてよく使われるのでしょうか？

それはビジネスも、常に競争相手と食うか食われるかという過酷な競争状態にあるからで、企業を維持発展させるには相手より優位を保つ必要があるからです。

本日の商談を相手から勝ち取ることが目的ではなく、これからも継続的に相手に勝ち続けることを考えなくてはなりません。だから、戦略という概念がビジネスでも使われているのですね。

この戦略思考は、ビジネスの場だけでなく、人生設計や恋愛にも活用できると思います。たとえば恋人の気を引くために、デートの際に服装や身なり、そして当日どこに行くかなどを考えるとします。

この場合の目的は、相手に良い印象を与えることですよね。服装や身なりなどはそのための手段なのです、つまり相手に良い印象を与えるために服装や身なりに気を使うということです。これを混同すると何のために手段を取っているのかわからなくなることがあります。

富岡「そうですよね。相手に気に入られるためにどうするかと考えますよね」

磯部「私はもうこの年ですから、全く気にすることがなくなりましたがね」

ははは。そうですか。磯部さんもお若いからまだまだこれからですよ。

さて、話が少し脱線しましたが、目的と手段が混同しているケースは皆さんの職場でもよくあるのではないでしょうか？

たとえば、経費削減で交通費を削減しろ、という指示が来た際に、交通費の削減を目的にしてしまい、交通費を削減するために歩いて取引先に向かい、結果的に残業代のほうが上回ったというケースなども、目的と手段を混同したケースです。

戦略とは、簡単にいうと目的を達成するためにどのような目標を立てるべきかを考えることです。そして戦略を立てる意味は、競争相手より常に優位な立場を保つことです。だから、今だけ良ければよいとか、今月だけノルマをクリアすればよいという考えは戦略とは異なるのです。

先ほどの例にもあった通り、戦略思考を持たなければ、リーダーは、目の前の業務をただ、うまくこなす組織の一員となってしまいます。これは本当のリーダーではないですよね。

都築「先生、戦略思考が必要なのはよくわかりましたが、戦略思考が必要なのは一般的には経営層などの限られた人間であり、一般の管理者などに戦略思考は必要ではないのではと思いますが、いかがですか？　それよりトップの方針を確実にこなしていくのが実際に現場で求められている姿だと思います。ま、どこかの本に書いていたことですが」

そうですね。かつてはそうだったかもしれません。しかし、現在、リーダーに求められるのは、上層部からの方針を確実に処理することではなく、上層部の考え方、戦略の方針に基づいて、自部署や自組織に戦略思考で置き換えることなのです。

リーダーに戦略思考が求められる背景には、顧客ニーズの多様化や経済の停滞に伴う市場縮小などにより、一部の人間が戦略を決めることが困難になったからです。

わかりやすく説明しますと、たとえば画一的の象徴といわれたコンビニエンスストアなども、今や本社に言われた通りのことを守っているだけでは立ちゆかないといわれています。会社対会社の戦いから、個店対個店の戦いに変わっているからです。

競争激化で市場拡大が望めない中、競争が激化すると、個々の組織のリーダーが現状把握をして戦略を立てた上で、組織運営をすることが求められているのです。

では、解説ばかりでもなかなか頭に入らないと思いますので、一度ワークをしてみましょう。

Work

あなたはコンビニエンスストアの店長です。あなたのお店はここ一年間で売上が約20％減っています。それは最近、ライバル店が2店舗出店したからです。このままでは赤字経営が続き、店舗閉鎖になってしまう可能性も出てきます。

あなたのお店の売上を大きく分析すると、客数80％×客単価100％＝売上昨年対比80％です。競合店の状況は次の通りです。

競合店A……大手コンビニチェーンで知名度が高い。デザートやファーストフード、そして女性向けヘルシー弁当などが強い。

競合店B……店内の多くの商品が均一価格で、あなたのお店に比べてほとんどの商品が格安となっている。品ぞろえはさほど多くない。

商圏の様子……大学が近隣にある。あなたのお店の客数減はこの大学生が多い。さらに工場が多く、男性客が多い。今度大きな工場がまたできる。住宅は微増。オフィスは少ない。

このような情報の中、あなたは今から自店のお弁当の発注をします。コンビニエンスストアでお弁当は大きな売上構成を持っており、この商品でお店の特性や来客が変わるともいわれています。

オーダーできる弁当の種類	ここ2週間の売数
・幕の内弁当	60
・女性向けかわいい弁当	10
・男性向けがっつり弁当	10
・学生向け格安弁当	10
・主婦向けおかず弁当	5
・年配者向け健康弁当	5

本日のお弁当注文数は100個を予定。どのような発注にしますか？

はい、ではお伺いしたいと思います。細谷さんはどうでしょうか？

細谷「私はこんな感じです」

弁当の種類	ここ2週間の売数	細谷さんの注文
・幕の内弁当	60	60
・女性向けかわいい弁当	10	10
・男性向けがっつり弁当	10	10
・学生向け格安弁当	10	10
・主婦向けおかず弁当	5	5
・年配者向け健康弁当	5	5

なるほど、その根拠は何かあるのでしょうか？

細谷「確実性を取ると、ここ2週間の売数に合わせるほうが無難だからです」

はい、ありがとうございます。では沢田さんはいかがですか？

沢田「はい、この発注にしました」

弁当の種類	ここ2週間の売数	沢田さんの注文
・幕の内弁当	60	90
・女性向けかわいい弁当	10	30
・男性向けがっつり弁当	10	30
・学生向け格安弁当	10	0
・主婦向けおかず弁当	5	0
・年配者向け健康弁当	5	0

ほう、3種類に絞り込んだんですね。でも、予定発注数を超えていますよ。

沢田「ええ、ここはお客さんを取り戻すにはまず注文を増やすこと、そして客層を絞り込むことが大事だと思ったからです。もともと、下の3品は売れていませんからいらないと判断しました」

なるほど、では磯部さんはどうですか？

磯部「えっと、私はこれです」

弁当の種類	ここ2週間の売数	磯部さんの注文
・幕の内弁当	60	50
・女性向けかわいい弁当	10	0
・男性向けがっつり弁当	10	30
・学生向け格安弁当	10	10

・主婦向けおかず弁当	5	5
・年配者向け健康弁当	5	5

うんうん、皆さんなんらかの根拠をお持ちで注文を行っていただきました。
で、今回のテーマは戦略思考です。発注にはどのような戦略がありましたか？

Work

今回あなたが行った注文にはどのような戦略が含まれていましたか？

都築さんいかがですか？

都築「ええ、うーん、こんな注文に戦略などいるのでしょうか。そもそも疑問です。
それにこの会社の方針も不明ですし、一般的に考えて、売れそうなものを注文するだけのことと思いますが、いかがですか」

そうですね、お弁当の注文に戦略思考が必要なのか？　これが必要なのです。データを元に売れそうなものを注文する。これなら将来人間がしなくてもいいかもしれませんね。リーダーがするのは、戦略を考えて注文したかどうかです。戦略は目的です。だから、今回の注文した内容は何か目的があれば戦略的思考です。磯部さんどうですか？

磯部「えっと……。私は、まず、お客さんの数を増やすことが大事かなと思いました。で、競争店は女性客と学生客を取り込んでいるので、うちは男性客のお客さんを増やしたいので、あえて、がっつり弁当を多めに注文しました。そのぶん、女性向け弁当を減らさないと数が合わないので……」

磯部さん。

磯部「な、なんですか」

すばらしいです。戦略思考ですね。

磯部「え？　そうなんですか。普通そうしないですか。あ、あれそうなんだ」

うん、うん、いいですよ。磯部さんの取られたのは、限られた中でどこに資源を集めるかという行動ですよね。これは戦略の基本的な行動で、「資源の選択と集中」と呼びます。次に現状把握をされた上で、目的をお客様の増加と決めて、そのために何をするかを考えましたよね。これは立派な戦略思考なんです。

仮に、本社から「女性客の獲得」という方針が出ていても、リーダーは自店の戦略と置き換えて、本社に「このようにしたい」と意見を挙げるくらいでないといけません。でないと、自店の経営が難しくなりますよね。

さらにあればよいのが、長期的な展望ですよね。このような考え方を今日だけする、というのは戦略思考ではありません。それは気まぐれに近いのです。長期スパンで計画的に行う。つまり、戦略は日々ぶれてはいけません。

だから、ただ目の前の仕事を処理するという進め方ではなく、いつまでも相手から優位な立場を保つにはどうするか、を考えながら業務を進めるべきなのです。

戦略立案は現状把握から

23

沢田「私も戦略を立てて注文を考えたつもりですが、戦略的ではないのですか？　売れないものを削除して客数を伸ばすために戦略的に注文をしたのですが」

ええ、沢田さんの注文の理由は論理的ですよね。しかし、戦略とはまず現状を把握することから始めます。まず自店の強みと弱みを把握し、外部環境を踏まえた上で決定されるものなのです。

沢田「現状把握ですか？　いやともかく客数を増やすことが目的ですから、特に現状などは考えませんでしたが……」

うーん、現状分析がなくては戦略を立てることはできません。

沢田「どうしてですか？」

それは、戦略はまず自分の現状（内部環境）と周りの環境や情勢（外部環境）を把握しないと、立てた対策は単なるアイデアとなり、現実的ではなくなるからです。

先日、書店である雑誌を手にしました。

「誰でも3年以内に1億円をためる方法」というタイトルでした。

3年で1億円はすごいですよね。その雑誌を手に取り、その特集記事を開くとなんて書いてあったと思います？

「まず1000万円をためること、そしてそれを元手に投資をすること」

と書いてあったのです。

この雑誌の読者層はサラリーマンです。そのサラリーマンが容易に1000万円をためることはできませんよね。なのに、この記事は1000万円があることを前提にして書かれていますので、1億円を3年で貯めることが目的としても、元手に1000万円用意することが現実的ではない場合は実現不可能ですよね。ということは、これを戦略とはいえないのです。

ですので、リーダーは自分の組織の強みや弱み、現在活用できる資源などを確認して、周りの環境や背景も理解した上で論理的な目的設定と手段を選択することが大事なのです。

何度も言いますが、すべての業務は戦略上にあるべきであり、すべての作業には目的があるのです。この考え方をもって案件処理にあたることが大事なのです。

インバスケットでも、単なる案件処理や業務の遂行で終わるのか、それとも、何か戦略的な考えがあるのかで、リーダーとしてとるべき行動が変わります。

そのためにはリーダーが戦略的思考であるためには、論理的な思考と先を見る洞察力を兼ね備えていることが前提となっているのです。

Section 12

困難な課題を克服する力

チームの中で最後まであきらめないのがリーダー

— The Lectures of In-Basket —

16:45~17:30
（後半）

リーダーができると思えば必ず達成する

24

さて、この講義もまもなく終了です。もう少しだけ頑張りましょう。

リーダーに求められるものは、本日の講義でお伝えした以外にもまだまだあります。リーダーはメンバーの一人一人の人生を背負っているといえます。いえ、メンバーの家族を含めるとメンバーの数の倍以上の人生の行先を決めるがゆえに、求められるものが多いのです。

ですが、リーダーも人間です。リーダーにも家族があり、日々戸惑いながらそして悩みながら暮らしています。リーダーにはメンバーと違い、今までにないようなミッションや課題解決が求められます。一方で、それをやるかやらないかもリーダーが決定することができるのです。

それゆえに、自分に甘えが出ると、堕落に向かいます。リーダーがそのように考え出すと、チーム全体が堕落の方向へ向かうのです。だからこそ、リーダーは強い使命感を持つことが求められています。

私は今までさまざまな業界のリーダーの教育を担当させていただきましたが、リーダー次第で会社の向かう方向は変わります。もちろん、企業の経営層のリーダーたちが大きな影響を与えるのかもしれませんが、小集団のリーダーたちの課題に立ち向かう姿勢の違いは、その企業の将来を映し出しています。

たとえば60分のインバスケット試験を行った際に、「あと5分です」と声をかけると、受験している企業のリーダー達の反応が企業ごとに違うのです。

ある企業は、誰も顔を上げずに、黙々と課題に取り組み、ある企業は、5分前と聞くと試験を中止するリーダーが数名現れるのです。

あとで、なぜ5分前でやめたのかと聞くと、到底終わらないから、ということが返ってきたのは驚きでした。あきらめているのです。リーダーがあきらめると、メンバーもあきらめます。そして、チーム全体にあきらめ癖がつくのです。

磯部「あ、うちがそうです。あきらめが肝心というのが、うちの会社の隠れモットーみたいになっていますからね」

沢田「私の上司はその点頑固ですよ。無理難題を上層部から受けてきては、食いついたら離さないしつこさがあります。先日も目標よりも大きく下回っている実績なのに、なんとかならないか、としつこく言われましたから」

沢田さん、その結果どうなったんですか？

沢田「到底無理だと思ったんですが、月末ぎりぎりに課の目標を達成したんです。苦労しましたよ」

達成したのですか。すごいですよ。

沢田「そりゃみんな頑張りましたから、上司はにこにこして見ているだけでしたが」

では、その上司の方がもし、あきらめていたらどうなったのでしょうか？

沢田「え、あきらめていたら……そうですね。未達成だったでしょうね」

ですよね。今のお話を聞かれてリーダーにとってあきらめるという行動はどのような意味を持つと思われますか？

富岡「えっと、私はまだリーダー職についていないですが、リーダーがあきらめるということは、もう絶対だめだということのような気がします」

都築「時には潔くあきらめる決断も必要だと思います。一般的にはどうしようもないことも世の中にはたくさんありますからね。無理をすることでどこかにひずみも来ると思います」

沢田「私が振り出した話で申し訳ありませんが、リーダーはあきらめるということを自ら口に出してはいけないのではないでしょうか？　逆に、周囲が無理だと思うことでも挑戦する人のほうがリーダーらしいというか……」

リーダーは難題を乗り越えるために存在しています。時に「効率化」と「あきらめ」を混同することがありますが、それは違います。

リーダーは、チームのメンバーがたとえあきらめていても、たとえ成功の可能性が低くても難局を乗り越えるために、決してあきらめてはいけません。

私も前職の指導員をしていた際に、売場の責任者によく指導していたのが、売上目標より数千円足らずに達成しなかったことに対しては激しく指導をしていたのを覚えています。

売り場の責任者は「あと数千円で達成できませんでした」と軽く報告をしてきたからです。きっと彼は「惜しかったね」とか「よく頑張ったね」と声をかけてくれると思ったのでしょう。

売り場担当者ならそれで許されるかもしれません。しかし、リーダーならあと数千円、何がなんでも乗り越える姿勢がなかったことが悔しかったのです。

皆さんの周囲にも、難題が前に立ちふさがった時に逃げる口実を考えることが先行するリーダーがいませんか。人がいない、予算が足らない、期間が少ない……。言い訳がうまくなるのがリーダーではありません。

難題といわれることでさえ、リーダーであれば、今回の研修で学んだスキルを使っていけば、どんなことでも乗り越えていけると私は思っています。

リーダーをしていると、チームが上昇指向の時ばかりではありません、いや、上昇指向になっている時のほうが少なく、たいていは不安定な状態か、下降していることが多いはずです。時には大きな障害や、トラブルで乗り越えることが一見できそうにない状態に陥ります。

そんな時にリーダーが率先してあきらめるのではなく、メンバーはあきらめていても、リーダーは最後まであきらめない、そんなあるべき像を持ってください。あきらめるという行動は、周りがそう評価するまでとるべきではありません。

あきらめるというと聞こえはいいですが、あきらめるという行動の多くは逃げる行動です。つまり、乗り越えることができる可能性があるのに、それを放棄するのです。それは、リーダーとしてとるべき行動でしょうか。

今まで学んできたリーダーに必要なマネジメント力があれば、いままであきらめていた課題や難題も乗り越えることができるはずです。今まで解決するべき課題が明確でなかったり、自分自身だけで解決しようとしていたりしていましたよね。

どんな課題も、本日一緒に考えたマネジメントスキルで乗り越えられるはずです。これから皆さんがリーダーとしてチームを運営していく中で、皆さんが考えたあるべき姿がチームの成果と直結します。

与えられたミッションや課題をクリアする際に、あなた自身が妥協したり、目標を下方修正したりすると、チームの成果はそれより上がらないでしょう。だからこそ、あなた自身が課題を乗り越える力を持つべきなのです。これがリーダーの執行力です。

この考え方は与えられた課題だけを指しているのではありません。たとえば社内であきらめモードが蔓延している際も、あなたがリーダーになったら、可能性が現実化する。そう思われるリーダー像を持つべきです。あなたのリーダー像の持ち方に、チームの質もメンバーの成長角度も連動します。

リーダーという役割を本気でやる気であれば、自分が目指すリーダー像とはどんなリーダーなのか明確にして、日々のリーダー職を進めていく必要があります。

では最後のワークです。これは私に見せる必要もありませんし、どのようなことを書いたのかも質問しません。あなた自身がこれからどのようなリーダーになるかを文章にして明確化しましょう。

このワークができなければ、本日一緒に学んできたことは全く意味のないものになりますので、本気で取り組んでください。

Work

あなたが目指すリーダー像を文章で書いてください。

はい、いかがでしょうか？　書けましたか？　磯部さん？

磯部「えっ、聞かないって言ったじゃないですか！」

いやいや、何を書いたか、お伺いはしていませんよ。でも、そう言われたらお伺いしたくなりますよね。ははは。

でも、まだ皆さんの書かれたリーダー像は未完成ではないでしょうか。リーダーとはそんなに簡単に言い表せるものではありません。今の時点のあるべき像としてそのワークで書かれたリーダー像は手帳などに挟んでおいてください。そして、これから皆さんがより大きな組織のリーダーになるに従い、いつか、何を目指しているのかわからなくなったら、今書いたリーダー像をもう一度見つめてください。

～最後の質疑応答～

本日のカリキュラムは以上となりますが、今までの内容でご質問などがあればお伺いします。いかがでしょうか。

都築「よろしいか。私は以前インバスケット試験を受けたのですが、全くスコアが伸びず、管理者として不適格とされました。まあ、今回の研修を受けて、自分の足りないところを実感したのですが、一般的にこのような研修や事前勉強をすることで、インバスケットのスコアは伸びるものでしょうか。今後もこのような試験があった際に、後悔したくありません」

はい、インバスケットは判断の方法や思考の癖、仕事の進め方の癖を映し出す鏡です。それらが修正されていけば、必然的にスコアは上がってくるでしょう。

しかし、受験対策でこのような研修やビジネス本を見ても、ご自身の実際の行動が変わらないと全く意味がありません。大事なことは、知識を得ることではなく、ご自身の実務に対する行動を変えることなのです。いくらファッション雑誌を読んでも、自分自身に何もしなければ、映し出される姿は同じですよね。

都築「つまり、私は鏡に映った自分の姿が気に入らず、鏡を恨んでいたわけか」

沢田「先生、いいですか、実際に自分がリーダーになった時に部下にインバスケットをさせようと思うのですが、結果を伝える際にどのようなことを気をつければいいでしょうか」

フィードバックのことですよね。フィードバックの際には、いくつか注意することがあります。

・インバスケットの結果は、その方のある一面だけを観察したもので、その方のすべてを評価したものではないこと

・これからのトレーニング次第で大幅に改善する可能性があること
・結果をただ伝えるのではなく、この結果を見てどのように感じるのか、本人から自分の課題点に気づかせること
・実務を例に出して、それと関連づけてフィードバックすること
・定期的にインバスケットを受けさせて、時系列で能力の発揮度を測るようにすること

あくまで個人の課題を抽出して、改善に結びつけることが目的ですね。

沢田「すいません、『実務を例に出す』が少しわかりにくいのですが」

あ、すいませんでした。えっと、単にこの能力は発揮できていないよ、というフィードバックではなく、先日トラブルになった商談はこの能力がもっと発揮されていたらどうなっただろう、という風に、実際の仕事と結びつけていただきたいんですね。そうすることで、この能力はどんな時に発揮するべきなんだと、理解しやすいと思います。

富岡「ちょっといいですか。私はそもそも今回の研修はリーダーになるためではなく、リーダーを補佐する役割としてリーダーはどのように考えるべきかを知りたくて参加しました。その中で、リーダーの考え方はわかりましたが、補佐役として注意するべき点とはどのようなことでしょうか」

補佐役として、ですか？　そうですね。まずその補佐するリーダーの癖を知ることが大事だと思います。どんなリーダーでも必ず判断の癖や、仕事の進め方の癖があります。そのリーダーの癖や行動特性を知ることで、足りない部分を前もって補ってあげてはどうですか？

たとえば、問題を発見するとすぐに判断をするタイプのリーダーであれば、その判断の裏付けを情報収集したり、ほかの代案を提案したりすることで、リーダーのより正確な判断を助けられますよね。富岡さんを補佐役に持った上司は幸せですね。

磯部「えーと、今回の研修で自分には戦略思考があると褒めていただいたのが嬉しかったのですが、この戦略思考をさらにどう伸ばしていけばよいでしょうか？」

突出するよりもバランスよく能力を発揮する

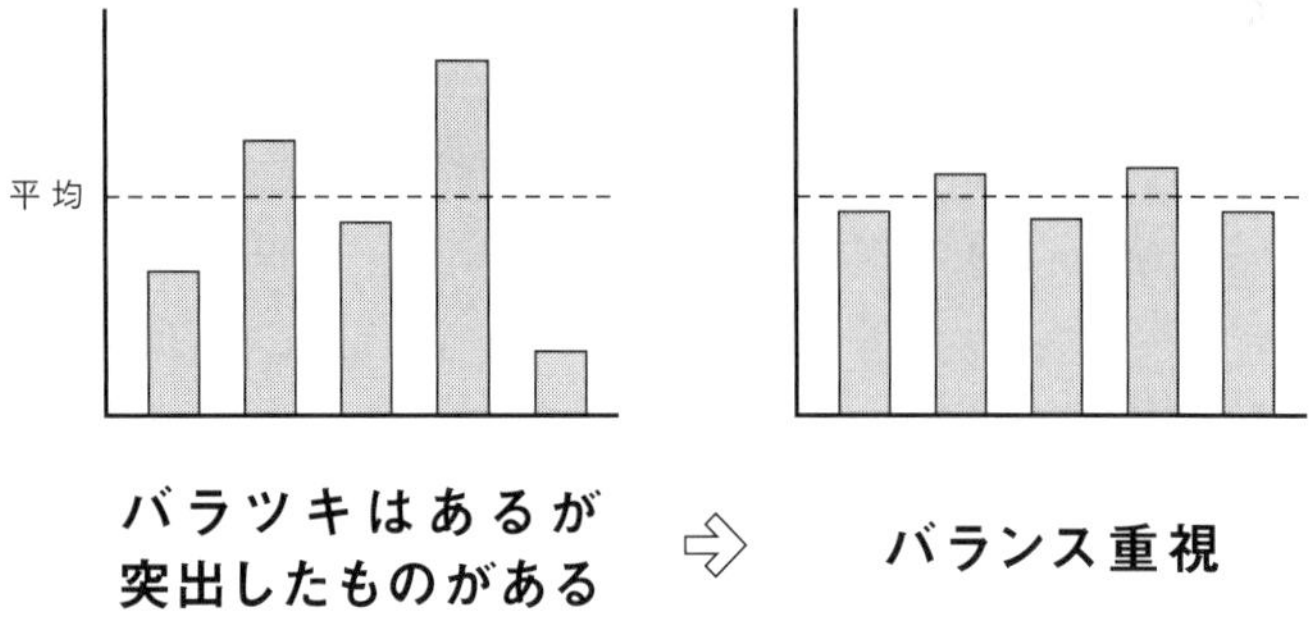

はい、戦略思考をさらに伸ばすにはいくつかの方法があると思います。ただ、ご助言するとすれば、より良いリーダーを目指すのであれば、良いところを伸ばすというよりも、課題点をクリアするほうがよいと思います。

なぜなら、ある能力の発揮度が素晴らしくても、リーダーはある部分だけはできるが、それ以外はできない、では通用しないからです。つまり、突出した能力よりも、バランスのよい能力の発揮度を目指してください。

細谷「私はよく細かいとか神経質などといわれますが、リーダーはもっと大まかになるほうがよいものでしょうか。

結局は細かいところまで気にしても無駄ということでしょうか」

いえいえ、リーダーは必ずしも大まかになったほうがよい、とは思っていませんよ。細かいところまで気配りできるのであれば、それに越したことはありません。ただ、リーダーはマネジメント領域が広いので、細かさを保ちながらもマス目を荒くしていくことも必要かもしれませんね。

もうご質問はありませんか？　はい、また何かご質問があれば、私はもう少し残っておりますので、お声をおかけください。

では、最後にもう一言だけ。

皆さんは下りエスカレーターを逆走されたことはありますか？

私も子供のころやったことがあります。いけないことですが、下ってくるエスカレーターを頑張って逆走すると、苦しいですが頂上までたどり着けます。

今回の研修は、下りエスカレーターを逆走したようなものです。半分くらいまで上ったところでしょうか。

しかし、ここで立ち止まると、上に行けないばかりか、下りエスカレーターですのでどんどん下りていきます。だから、これからも引き続き上らなければなりません。これから上るか、そのまま止まるのかは皆さん次第です。

その結果、数年後、頂上に到達している方と、一番下まで下りてそれ以上下りることのない場所にいる方との差が現れます。

どちらを取るかもリーダーの判断です。私は皆さんが頂上に上っても、さらに上り続けているお姿をどこかで拝見したいです。

本日は拙いご説明でしたが、これで講義を終了いたします。

鳥原が担当させていただきました。お疲れ様でした。

～講義終了後～

磯部「先生、今日はありがとうございました。気合と根性だけではダメなことがよくわかりました。それと、少し職場に帰って波風を立ててみようと思います。こんなことなら自分の課題がもっと早めに、そう、せめて10年前にわかっていればよかったと思っています。またわからないことがあれば教えてください。本当にありがとうございました」

いえいえ、こちらこそありがとうございました。ぜひ波風立てて、そしてトラブルが起きたら、インバスケット的な解決方法で頑張ってくださいね。

磯部「ははは、またその時は相談させてくださいね。お疲れ様でした」

富岡「えっと、またわからないことがあれば質問させてください。ともかく、優先順位マトリックスは使ってみようと思います。私はまず仕事と生活の両面があるので、時間をどのように活用するかが勝負ですよね。頑張ってみます」

そうですね。よかったらマトリックスの白紙もお送りしますので、おっしゃってくださいね。本日はお疲れ様でした。

あれ？　どうしました。沢田さん。かなりお疲れのようですね。

沢田「いや、今、会社に電話したら辞令が出たそうです」

え？　辞令ですか。沢田さんの？

沢田「ええ、私が課長に昇格することになったんです」

わあ、すごいじゃないですか。おめでとうございます。

18:00～ 講義終了後

沢田「あ、ありがとうございます。でも、僕なんかが課長できるのかな、なんて。いや嬉しいですけど。……それと今の課長となんかこれからうまくやっていけそうだったのに」

そうですね。でも今日の研修では沢田さんは現職の管理職の方と遜色ないレベルでお話しされていたじゃないですか。自信を持ってください。

沢田「いや、でもこんなすぐに辞令が下りるなんて、課長はそれがわかっていたからこの研修に派遣したんですね。課長はいつもこうなんですよ」

素晴らしい課長さんじゃないですか。でも、次は沢田さんが課長ですよ。しっかりしてください。

沢田「そうですね。あれだけ偉そうなこと言いましたので、後に引けませんね。少し武者震いがしますが」

では、早くご家族に連絡してあげてください。
沢田「ありがとうございます。先生もお元気で」
これで皆さん帰られたね、えっと、アンケートの回収は終わったかな。
じゃ、私たちも退室しましょうか。
あ、まだいらっしゃったんですね。あなたですよ。
どうでしょう、今回の研修は何か気づきを得ることができましたか？
でも、研修を受けたからって、何かできるようになったと思ってはいけませんよ。
実際に、現場でやってみて発揮できて初めて身につくんです。
またわからないことがあればなんでも聞いてくださいね。

今日は本当にお疲れ様でした。
また、どこかでお会いしましょうね。

～終わりに～

本日は、「インバスケット講師が教えるリーダーのためのマネジメント研修」にご参加いただき、ありがとうございました。この本は普通のビジネス書ではなく、主人公は読者である皆様であること、そして、他の研修生の方とご自身を重ね合わせて考えていただく、気づきを重点に書かせていただきました。

私は多い時で1週間に2、3回、インバスケット研修を行いますが、その中で毎回、企業がリーダーに求めることと、リーダーが描くリーダー像の差に驚きます。企業はリーダーにより高い目標を求めているのに、リーダーはできるだけ仕事を受けないためのテクニックを身につけている気がしてならないのです。

リーダーは自分自身をより高めていかなければならない人種です。だからこそ、教育や学びの場は大切なのですが、時には、このような場に派遣されたことを、効率が悪いと考えるリーダーもいます。

それは彼らが悪いのではないと思います。彼らはリーダーに本当に必要な大切なことを知らないだけなのです。いまや、テレビCMでよく見る一部上場の企業でさえ、管理者に登用する基準を、現場の上司の推薦や担当者時代の営業成績で決定し、ろくに教育もせずに、リーダーの名刺を与えます。

そして多くの新人リーダーが、先輩のリーダー像を見ながら、戸惑いながらもそのスタイルを覚えているのが現状です。だから、判断に自信がなかったり、新しいことに挑戦しなかったり、起きたことを処理する受け身の姿勢になるのです。

本書では、理論も踏まえながら、リーダーが本気でリーダーを目指すために必要なスキルをご一緒に考えてきましたが、研修でも実際に行動変革をされるのは全体の2割いればいいほうです。あとは行動を変えるだけです。ぜひお読みいただいているあなたが、行動を変えることのできる2割の方であることを願っています。

最後に本書を執筆するに当たり、ご尽力いただいた日本実業出版社編集部をはじめ関係者の方に厚くお礼を申し上げます。

また、最後まで本書をお読みいただいた、あなたにも心よりお礼を申し上げます。

鳥原隆志

鳥原隆志（とりはら　たかし）
株式会社インバスケット研究所代表取締役。インバスケット・コンサルタント。1972年生まれ。大手流通業にて精肉や家具、ワインなどさまざまな販売部門を経験し、スーパーバイザー（店舗指導員）として店舗指導や問題解決業務に従事する。昇進試験時にインバスケットに出合い、研究とトレーニングを開始する。その経験と問題解決スキルを活かし、株式会社インバスケット研究所を設立。これまでに作成したインバスケット問題はゆうに腰の高さを超える。著書に10万部を突破した『究極の判断力を身につけるインバスケット思考』『入社２年目のインバスケット思考』（ともにWAVE出版）、『インバスケット・トレーニング』（同文舘出版）がある。

決断力《けつだんりょく》と行動力《こうどうりょく》が覚醒《かくせい》するインバスケット集中講義《しゅうちゅうこうぎ》

2012年３月10日　初版発行
2014年６月１日　第4刷発行

著　者　鳥原隆志 ©T. Torihara 2012
発行者　吉田啓二

発行所　株式会社日本実業出版社　東京都文京区本郷３－２－12 〒113-0033
大阪市北区西天満６－８－１ 〒530-0047
編集部 ☎03－3814－5651
営業部 ☎03－3814－5161　振　替　00170－1－25349
http://www.njg.co.jp/

印刷／理想社　製本／若林製本

この本の内容についてのお問合せは、書面かFAX（03－3818－2723）にてお願い致します。
落丁・乱丁本は、送料小社負担にて、お取り替え致します。

ISBN 978-4-534-04931-5　Printed in JAPAN